21世纪城市轨道交通的选择

何宗华 编著

U0330692

中国建筑工业出版社

图书在版编目（CIP）数据

21世纪城市轨道交通的选择/何宗华编著. —北京：中国建筑工业出版社，2018.5
ISBN 978-7-112-21886-8

Ⅰ.①2… Ⅱ.①何… Ⅲ.①城市铁路-研究-中国
Ⅳ.①U239.5

中国版本图书馆 CIP 数据核字（2018）第 038771 号

　　本书共 12 章，分别是：我国城市轨道交通系统概述、城市轨道交通项目建设前期工作程序、城市轨道交通项目的建设策略探索、城市轨道交通系统技术等级划分原则、地铁系统、轻轨交通系统、有轨电车系统、单轨交通系统、磁浮系统、信号系统、自动售检票与清分系统、城市轨道交通的安全风险管理等内容。本书内容丰富，实用性强。是城市轨道交通行业从业人员必备的参考书。

　　本书可作为城市轨道交通工程管理、设计、监理和施工人员使用，也可作为大专院校和各级培训中心师生使用。

责任编辑：胡明安
责任设计：李志立
责任校对：王　瑞

21 世纪城市轨道交通的选择

何宗华　编著

*

中国建筑工业出版社出版、发行（北京海淀三里河路 9 号）

各地新华书店、建筑书店经销

北京科地亚盟排版公司制版

廊坊市海涛印刷有限公司印刷

*

开本：850×1168 毫米　1/32　印张：6¾　字数：185 千字
2018 年 4 月第一版　　2018 年 4 月第一次印刷
定价：**25.00** 元
ISBN 978-7-112-21886-8
（31802）

前　言

　　城市轨道交通是一项由多专业、多任务种和现代新技术相组合而成的综合性系统工程，涉及的领域很广，技术难度很大。

　　因此，对城市轨道交通项目选型的决策，不仅要提出具有针对性的政策要求，各类技术本身的特征条件和城市需求条件，还要充分考虑到我国国情的影响和环境制约因素。

　　由于国外城市轨道交通的类型繁多，而我国城市现代化的轨道交通还处于发展阶段，就经济实力而言，也不可能全盘接受国际上各种类型的轨道交通方式，这就需要从中选择适合于中国国情和有实用条件的轨道交通类型。

　　进入 21 世纪后，我国城市化发展还会增快，城市建设规模也会不断扩大，如何改善使城市交通走向良性循环和保护环境的目标，有效地促进城市经济不断发展，其出路理应是重点发展与大、中、低客运量相匹配的轨道交通系统。

　　我国大量的城市都在策划修建轨道交通客运系统，但怎样判断取舍和掌握发展目标，都迫切需要理性的科学决策依据。

　　虽然轨道交通项目不能轻易上马的重大原因是高昂的建设造价问题，但轨道交通系统的类型选择是否得当，也是一个根本问题，它将直接影响造价的高低和长期维修保养的耗资多少。

　　因此，怎样选择符合我国国情、经济而实用的轨道交通类型，降低工程造价的措施，合理的投资策略等，将是本书探索研究的课题。

　　本书提出的理念，属于实用技术的通俗易懂科普性质范畴，面对繁多传统技术和先进技术相组合而成的轨道交通系统，不至于难以识别，对初期涉及该领域的项目主管阶层和投资者，可提供城市轨道交通建设发展项目决策的评选理论参考依据，还可作为城市轨道交通工程管理、设计、监理和施工人员全面掌握城轨系统综合技术的储备知识，也可作为大专院校和各级培训中心，从事城市轨道交通专业教学师生的参考资料。

本书编写过程中得到中铁二院地铁设计研究院许斯河高级工程师，以及奥地利多贝玛亚公司中国公司总经理李艳秋高级工程师，两位的支持，为本书部分章节作了审核并提出宝贵意见，对此特表示诚挚的感谢！

鉴于编者水平有限，缺点和错误在所难免，敬请读者批评指正。

评说天下城市轨道交通势态：

客运工具运能与运输通道客流当量相匹配为佳；

客运工具运能与运输通道客流当量不相配为劣。

目　　录

目 录

第1章 我国城市轨道交通系统概述

1.1 城市交通的存在问题及发展现状

进入 21 世纪，我国大城市的公共交通以发展轨道交通为重点的策略已取得了广泛的共识，国家把"发展城市轨道交通"列入国民经济计划发展纲要，并作为拉动大城市经济持续发展的重大战略方针，但要顺利推进这项重大项目的实施，也必须认识到存在的问题和克服手段，以确保在发展过程中少走弯路和避免项目评选时的判断失误。

城市是人们居住集中和流动频繁的地区，航空、铁路、水运和公路等交通运输的终端或枢纽，都绝大部分汇集在城市，城市之间远程交通的通顺发达，必然要求城市区域内的交通网络也具备相应的畅通性和快速可达性。

随着国民经济的不断发展，城市建设规模在逐步扩大，城市人口在急剧增加，大量流动人口涌进城市，居民出行和物资交流高度频繁，使城市交通困境面临着严峻的局势，全国大、中城市普遍存在着道路堵塞、车辆拥挤、交通秩序混乱的状态。

为了改善城市交通的困难状况，多年来，我国城市在不同程度上都投入了大量财力和物力，进行了道路基础设施的建设，但问题并未得到妥善解决，主要是道路建设的速度，很难跟上车辆的发展速度，尤其是单一的道路系统与多元化交通工具的并存，已显得愈来愈不相适应，传统的公共交通客运方式已很难满足现代城市居民快速、准点、频繁出行的要求。

城市交通问题，不从根本上加以改革，交通状况必将继续恶化，以致影响整个社会运作效率下降，为有效地制止这种现象，应认真研究和解决以下的存在问题，将可能取得一定成效。

1. 存在问题

（1）城市化迅速发展带来的影响

改革开放以来，我国的城市化进程也在逐步加快，进入 21 世纪后，截至 2017 年年初，我国城镇化率平均为 57.35%，城市化的飞速发展，导致城市交通运输量的急剧增加，小汽车进入家庭已成常态。

据统计，全国城市机动车的年平均增长率已达 22.9%，个别城市高达 30% 左右，全国机动车保有量已达 3.04 亿辆，其中汽车 2.05 亿辆，私家车保有量就有 1.24 亿辆，并呈持续快速增长的趋势。

全国城市的自行车总量已超过 3.70 亿辆，而电动自行车的保有量也有 1.81 亿辆，城镇居民平均每百户拥有率已达 198 辆之多，而全国城市道路建设的路面增长率，年平均只有 12% 左右，且还不能同步建设停车场车位。

现代工业的迅速发展，不仅加快了城市化进程，还导致农村地区向城市地区转变的过程加快，20 世纪 80 年代初我国百万人口以上的大城市还只有 28 座。

而目前城区人口超过 1000 万人的"超大城市"，就已发展到 4 座，即上海、北京、广州和深圳；

城区人口在 500 万～1000 万人的"特大城市"，已有 6 座，即重庆、天津、武汉、成都、南京、沈阳；

城区人口在 300 万～500 万人之间的"Ⅰ型大城市"，有 15 座；

城区人口在 100 万～300 万人之间的"Ⅱ型大城市"，有 54 座。

且发展势头有增无减，由于城市化进程的演变，旧城区的再改造，城市区域的扩大，及大地区城市的形成和城市关系圈的调整，都在日新月异的进展，而人员和物质赖以流通的交通基础设施，往往都不可能与城市化进程同步发展，因而很显然派生了城市交通的困扰，虽然在逐步发展中可克服一定的差距，但也不是轻而易举的。

我国当前的城市规模已有了巨大的变化，据国家主管部门规定，按行政区人口多少来划分的城市等级标准，如表1-1所示：

城市等级划分新标准　　　　　　　表1-1

城市等级	人口规模
超大城市	1000 万人以上
特大城市	500 万～1000 万人
Ⅰ型大城市	300 万～500 万人
Ⅱ型大城市	100 万～300 万人
中等城市	50 万～100 万人
Ⅰ型小城市	20 万～50 万人
Ⅱ型小城市	20 万人以下

另外还规定以经济实力为基础的城市等级划分为：

1）一线城市5座：北京、上海、广州、深圳、天津；

2）二线发达城市8座：杭州、南京、济南、重庆、青岛、大连、宁波、厦门；

3）二线中等发达城市15座；

4）二线发展较弱城市7座；

5）三线城市：61座；

6）四线城市：107座；

7）五线城市：43座，以及其他省份的地级市及经济强县县级市；

8）六线城市：除以上以外的所有县级市和经济强县、城市规模大县。

即城市等级划可分为：一线～六线的城市。

（2）土地开发利用面的扩大

城市的发展，必然伴随着城市周边农村土地的被利用，使农田、山林减少而转变为城市用地，而土地开发利用和新的经

3

济区域布局又主要是以老城区为核心，向城市四周辐射扩展，因而增长了市区交通距离，造成交通困扰的又一因素。

（3）城市人口的大量增加

城市规模的扩大，必然形成城市人口的增加和城区人口密度的加剧，加上大量的流动人口，造成民众出行流动的庞大队伍，但我国绝大多数城市公共客运交通，还是传统的汽车和无轨电车，已远远不能满足人们出行的需要，于是大量民众都购买自行车和电动车作为私人的交通工具，大量自行车和电动车与其他车辆混行于大街上，造成交通混乱，机动车行车困难，尤其公交车辆的客运效率和服务质量越来越低，人们就更加依赖于自行车，如此而造成恶性循环，给城市交通带来难以自拔的困境。

（4）城市道路基础设施建设滞后问题

长期以来，我国城市道路基础设施的建设速度始终是滞后于交通量发展的速度，城市道路容量普遍不足，人均占有道路面积一直处于低水平状态，20 世纪 80 年代初期，全国城市人均占有道路面积仅有 2.2m²。多年来，我国城市在不同程度上投入了大量的财力和物力，进行了道路基础设施的重点建设，据不完全统计，我国 570 座城市现有道路的总里程已突破 11 万km。这说明城市道路建设有了很大的发展，但比起车辆的增长来说，建设速度仍然是滞后状态。

21 世纪的到来，小汽车大量进入家庭已势不可挡，仍然依靠道路基础设施的服务，已远远不能满足城市交通顺达畅通的需要。虽然城市道路逐年在增加，但交通拥挤的状况非但没有缓解，反而有恶化的趋势，其原因虽然是多方面的，但其中的原因之一，即是在道路建设的同时，忽略了停车场的同步建设问题，形成城市的停车场车位严重缺乏，特别是中心商务区和人员集散频繁的场所，车辆占道停车，乱停乱放，既影响了停车秩序，又降低了道路通行能力，使这种地区始终处于再生性交通阻塞和交通事故的危险状态。

(5) 公交结构不尽合理问题

目前我国城市的公共交通，虽然不少大城市都在建设城市轨道交通项目，但其余城市还都是采用常规的公共汽车和无轨电车方式，这种方式是属于低运量的客运工具，其高峰小时单向的客运能力，最大也只有 6000 左右人次。

而现代城市在某一条客运走廊上，需要集中运送 1 万人次以上的客流现象已很普遍，这就需要各级城市根据具体条件，配置中、高运能的城市轨道交通客运方式来适应，并作为策划发展公共交通的首选方案。

对于一个城市的合理公交结构来讲，原则上应以轨道交通为骨干，协调组合高、中、低三种运能条件的公交线网结构，以充分发挥公共交通的最佳作用。

但是，我国城市由于历史的原因和自身特点，往往不太重视配置完整的高、中、低三种运能俱全的公交网络，尤其是某些中、小城市，对造价昂贵的地铁项目，近期不予考虑也是符合客观事实的，但对于中运量的轻轨交通与低运量的公共汽车、有轨电车，怎样合理组合，将是统筹兼顾某些城市交通困扰局面的重大课题。

因此，从调整城市公共交通结构入手，重点发展以高、中客运量为骨干线路的轨道交通方式，逐步形成高、中、低客运量合理匹配的公交线网结构，将是改善我国城市交通的一项长期发展战略问题。

2. 发展现状

自 20 世纪 80 年代以来，我国大城市为解决日益困扰的城市交通问题，都纷纷投入大量精力，研究策划城市轨道交通的建设问题，并做了大量前期准备工作和可行性研究，有的大城市为保持长期稳定的有序建设，都认真地制定了本地区轨道交通的总体规划，根据各城市的总体规划及项目发展计划资料分析，城市轨道交通项目的发展前景是非常宏大和极为乐观的。

我国重点城市的轨道交通发展概况如下。

（1）北京市

20 世纪 60 年代，北京市才开始修建地下铁道，于 1969 年 10 月建成我国第一条地铁线路，即北京地铁 1 号线，全长 23.6km，1976 年又建成二期工程、即地铁环线，全长 16.1km，加上有关联络线长度约 2.3km，使北京地铁线路长度达到了 42km，共有车站 30 座，车辆停放与维修基地一处。

1999 年 9 月，北京地铁复-八线又建成通车，全长 13.5km，沿线共设 11 座车站，车辆停放与维修基地一处。

从 1965 年开始，到 1999 年的 35 年时期，北京只拥有地铁运营线路总里程 55.5km，平均每年建成地铁线路长度约 1.6km，与城市经济快速发展的需求差距是很大的。

改革开放以来，北京市为了改善城市交通状况，积极地策划和修建了多元化的城市轨道交通客运系统。

截至 2017 年末，已拥有地铁运营线路 22 条，运营里程 608km；轻轨系统运营线路 1 条，运营里程 28km；有轨电车运营线路 2 条，运营里程 22km；磁浮系统运营线路 1 条，运营里程 10km；无人驾驶地铁房山线 1 条，运营里程 14.4km；总计日均客运量约 950 万人次/日以上。

（2）上海市

于 1990 年开始建设地铁 1 号线工程，到 1995 年 5 月建成通车，全长 21km，共设车站 16 座，车辆停放与维修基地 1 处，运用车辆 27 列共 162 辆。

截至 2017 年末，已拥有地铁运营线路 15 条，运营里程 628.3km；轻轨系统运营线路 1 条，运营里程 16.6km；有轨电车营线路 1 条，运营里程 9km；磁浮系统运营线路 1 条，运营里程 29.9km；总计日均客运量约：841 万人次/日。

（3）天津市

于 1980 年开始，建成了一条地铁线路，线路长度仅 7.4km，设车站 8 座。

截至 2017 年末，已拥有地铁运营线路 5 条，运营里程 166km；轻轨系统运营线路 1 条，运营里程 53km；有轨电车营线路 1 条，运营里程 7.86km；总计日均客运量约：79 万人次/日。

（4）广州市

广州市经过多年的地铁建设筹备工作，于 1993 年 12 月广州地铁 1 号线顺利开工，建成线路全长 18.5km，设 16 座车站，车辆停放与维修基地 1 处，到 1999 年 6 月全线开通并正式运营服务。

截至 2017 年末，已拥有地铁运营线路 13 条，运营里程 368.9km；有轨电车营线路 1 条，运营里程 7.7km；总计日均客运量约：644 万人次/日。

（5）南京市

南京地铁 1 号线经国务院批准立项后，于 2000 年 12 月开工建设，至 2005 年 9 月建成开始运营以来，已编制了较全面的本市城市轨道交通建设发展总体规划方案。

截至 2017 年末，已拥有地铁运营线路 9 条，运营里程 348.2km；有轨电车营线路 1 条，运营里程 7.7km；市域快速轨道系统运营线路 2 条，运营里程 81km；总计日均客运量约：196 万人次/日。

（6）重庆市

重庆首条城市轨道交通 2 号线（跨座式单轨系统），于 2004 年 12 月建成通车，率先在中西部地区创建了城市轨道交通客运项目，现已编制了较全面的本市城市轨道交通建设发展总体规划方案。

截至 2017 年末，已拥有城市轨道交通运营线路 6 条，运营里程 261.1km；其中轻轨系统运营线路 2 条，运营里程 87.5km；总计日均客运量约：173 万人次/日。

（7）深圳市

深圳市早在 1988 年就已开始策划城市轨道交通项目的建设方案，至 1998 年获得国家批准修建《深圳地铁一期工程》项目，于 2006 年 6 月建成通车，随即不断编制和完善城市轨道交通的总体规划和建设项目的实施计划。

截至 2017 年末，已拥有地铁运营线路 8 条，运营里程 283.6km；总计日均客运量约：255 万人次/日。

（8）武汉市

武汉首条轨道交通 1 号线一期工程，全长 10.6km，为全高架线路的轻轨交通系统，于 2004 年 7 月 28 日通车。

截至 2017 年末，已拥有轨道交通运营线路 7 条，运营里程 237.5km；总计日均客运量约：255 万人次/日。

除上述情况外，还有大连、沈阳、成都等 23 座城市也已建成了不同规模和类型的城市轨道交通项目，综合运营线路约 55 条，运营里程共计约 1495.1km；总计日均客运量约：1127 万人次/日。

1.2 城市轨道交通系统的分类

城市轨道交通是采用轨道结构进行承重和导向的车辆运输系统，依据城市交通总体规划的要求，设置全封闭或部分封闭的专用轨道线路，以列车或单车形式，运送相当规模客流量的公共交通客运方式。

现代城市的轨道交通系统都很发达，类型也很多（参见《城市公共交通分类标准》CJJ/T 114），常用的有以下各种类型。

1. 地铁系统（Metro System、Subway、Underground、Railway）

地铁是一种大运量的轨道运输系统，采用钢轮钢轨体系，标准轨距为 1435mm，主要在大城市地下空间修筑的隧道中运行，当条件允许时，也可穿出地面，在地上或高架桥上运行，为路权专用性质。

按照选用车型的不同，又可分为常规地铁和小断面地铁，根据线路客运规模的不同，又可分为高运量地铁和大运量地铁。

地铁车辆的基本车型为 A 型车、B 型车和直线电机 B 型车 3 种，A 型车车辆基本宽度 3000mm；B 型车车辆基本宽度 2800mm；直线电机 B 型车车辆基本宽度 2800mm。每种车型有带司机室和不带司机室、动车和拖车的区分。

地铁系统的列车编组通常由 4～8 辆组成，列车长度在 70～190m，要求车站有较长的站台相匹配，最高行车速度不应小于 80km/h。地铁系统的主要标准及特征如表 1-2 所示。

地铁系统主要标准及特征表　　　　　　表 1-2

项目		标准及特征		
	车型	A 型	B 型	直线电机 B 型车
车辆	车辆基本宽度（mm）	3000	2800	2800
	车辆基本长度（m）	24.4/22.8	19.0	16.8
	车辆最大轴重（t）	≤16	≤14	≤13
	列车编组（辆）	4～8	4～8	4～8
	列车长度（m）	100～190	80～160	70～140
线路	类型、形式	地下、高架及地面，全封闭型		
	线路半径（m）	≥300	≥250	≥100
	线路坡度（‰）	≤35	≤35	≤60
客运能力（万人次/h）		4.0～7.0	3.0～5.0	2.5～4.0
供电电压及方式		DC1500V 接触网供电	DC1500/750V 接触网或三轨	DC1500/750V 接触网或三轨
平均运行速度（km/h）		≥35		

注：1. 表中客运能力按行车间隔 2min 和列车额定载客量（站立 6 人/m²）计算。
　　2. 平均运行速度即旅行速度，系指起点站至终点站间全程距离除以全程运行时间（包括沿途停站时间）。

2. 轻轨系统（Light Rail Transit System）（LRT）

轻轨系统是一种中运量的轨道运输系统，采用钢轮钢轨体系，标准轨距为 1435mm，主要在城市地面或高架桥上运行，线路采用地面专用轨道或高架轨道，进入繁华街区，也可进入地下或与地铁接轨，为路权专用或部分共享性质。

由于原有《轻轨交通车辆通用技术条件》CJ/T 5021—95 已不能满足轻轨车辆的技术要求。在国家还没有发布更为合适的技术标准情况下，轻轨车辆的选型，适当参照《轻轨交通车辆通用技术条件》的有关参数，也不失为一个过渡方案。

轻轨车辆的基本车型为 C 型车（包括 C 型车和直线电机 C 型车），车辆基本宽度为 2600mm。C 型车分 C-Ⅰ型、C-Ⅱ型和 C-Ⅲ型三种。如表 1-3 所示。

C 型车分类表　　　　表 1-3

类型	车体	低地板车型	高地板车型
C-Ⅰ型	单节 4 轴轻轨车	C-Ⅰ（D）	C-Ⅰ（G）
C-Ⅱ型	单铰双节 6 轴轻轨车	C-Ⅱ（D）	C-Ⅱ（G）
C-Ⅲ型	双铰三节 8 轴轻轨车	C-Ⅲ（D）	C-Ⅲ（G）

轻轨交通的列车编组，通常由 1～3 辆组成，列车长度一般不超过 90m，最高行车速度应不小于 60km/h，站台最大长度应不大于 100m。

根据直线电机车辆的宽度和运载能力，可将其纳入轻轨 C 型车系统。按标准规定的直线电机列车，通常可由 2 辆、4 辆或 6 辆 C 型车编组，站台长度应小于 100m。

轻轨系统主要标准及特征如表 1-4 所示。

轻轨系统主要标准及特征　　　　表 1-4

项目		标准及特征			
车辆	车型	C-Ⅰ型	C-Ⅱ型	C-Ⅲ型	直线电机 C 型车
	车辆基本宽度（mm）	2600	2600	2600	2600
	车辆基本长度（m）	18.9	22.3	30.4	16.5
	车辆最大轴重（t）	11	11	11	11
	列车编组（辆）	1～3	1～3	1～3	2～6
	列车长度（m）	60	70	90	99

续表

项目		标准及特征	
线路	类型、形式	高架、地面或地下，封闭或专用车道	封闭
	线路半径（m）	≥50	≥60
	线路坡度（‰）	≤60	
客运能力（万人次/h）		1.0～3.0	
供电电压及方式		DC750V/1500V、架空接触网或三轨	
平均运行速度（km/h）		25～35	

3. 有轨电车（Tram Transport）

有轨电车是一种低运量的轻轨系统，电车轨道主要铺设在城市道路路面上，车辆与其他地面交通混合运行，为路权共享或部分专用性质。

根据街道条件，又可区分为三种情况：

（1）混合车道；

（2）半封闭专用车道（在道路平交道口处，采用优先通行信号）；

（3）全封闭专用车道（在道路平交道口处，采用立体交叉方式通过）。

车辆以单车运行为主，车辆基本长度为12.5m，也可连挂运行，但不宜超过2辆车连挂，当前车型发展趋势为低底板车厢，车站布置，可考虑设在街道两旁人行道上的单侧布局或设在道路中央分隔带上的中央布局，具体选用应与地区规划、周围地形和环境密切配合，形式可灵活多样，站间距离通常不超过1.0km。

4. 单轨系统（Mono Rail Transit System）

单轨系统是一种车辆与特制轨道梁组合成一体运行的中运量轨道运输系统，轨道梁不仅是车辆的承重结构，同时是车辆运行的导向轨道，单轨系统的类型主要有两种，一种是车辆跨骑在单片梁上运行的方式，称之为跨座式单轨电车系统，另一种是车辆悬挂在单根梁上运行的方式，称之为悬挂式单轨电车系统。

单轨系统适用于单向高峰小时最大断面客流量 1.0 万～3.0 万人次的交通走廊。因其占地面积很少，与其他交通方式完全隔离，运行安全可靠，建设适应性较强。主要适用范围如下：

（1）城市道路高差较大，道路半径小，线路地形条件较差的地区；

（2）旧城改造已基本完成，而该地区的城市道路又比较窄；

（3）大量客流集散点的接驳线路；

（4）市郊居民区与市区之间的联络线；

（5）旅游区域内景点之间的联络线，旅游观光线路等。

线路的站间距离视城市具体情况而定，通常站间距离为 0.6～1.5km。车站布置，要与周围地形和环境密切配合，形式灵活多样，站台应考虑设置自动屏蔽门或安全门，高架车站应设自动扶梯和垂直升降电梯。

单轨系统的列车，通常为 4～6 辆编组，相应列车长度在 60～85m 之间、线路半径不小于 50m、线路坡度不大于 60‰、站台最大长度应不大于 100m；最高运行速度应不小于 80km/h，平均运行速度一般为 20～35km/h。供电制式为 DC750V 或 DC1500V。

5. 磁浮系统（Magnetic Levitation System）

磁浮系统在常温条件下，利用电导磁力悬浮技术使列车上浮，因此，车厢不需要有车轮、车轴、齿轮传动机构和架空输电线网，列车运行方式为悬浮状态，采用直线电机驱动行驶，现行标准轨距为 2800mm，主要在高架桥上运行，特殊地段也可在地面或地下隧道中运行。

磁浮列车适用于城市人口超过 200 万人的特大城市，是重大客流集散区域或城市群相邻城市之间较理想的直达客运交通，也是中运量轨道运输系统的一种先进技术客运方式，对客运能力 1.5 万～3.0 万人次/h 的中、远程交通走廊较为适用。

目前，磁浮系统主要有两种基本类型，一种是高速磁悬浮列车，其最高行车速度可达 500km/h，另一种是中、低速磁悬浮列车，其最高行车速度可达 100km/h。

高速磁浮的主要技术参数为：车辆长度：端车 27.0m，中车 24.8m；车辆宽度 3700mm；车辆高度 4.2m。车辆的定员标准，一般按座位数来确定：端车 120 人，中车 144 人，不考虑站立定员。线路最小半径不宜小于 350m；线路坡度不大于 100‰；最高行车速度不大于 500km/h。

高速磁浮系统由于行车速度很高，通常对于站间距离为不小于 30km 的城市之间远程线路客运交通较为适宜。

高速磁浮系统的列车编组，通常由 5～10 辆组成，列车长度在 130～260m 左右，要求线路有较长的站台相匹配。

中低速磁浮车辆的主要技术参数为：车辆长度为 12～15m；车辆基本宽度为 2600mm；车辆高度约 3200mm。列车载客定员：4 辆编组约为 320～480 人，6 辆编组约为 480～720 人。线路半径不小于 50m；线路坡度不大于 70‰；最高行车速度不大于 100km/h。

中低速磁浮系统由于行车速度相对较低，对于城市区域内站间距大于 1km 的中、短程客运交通线路较为适宜。

中低速磁浮系统的列车编组，通常由 4～10 辆组成，列车长度在 60～150m 左右，要求线路有较长的站台相匹配。

由于磁浮系统在我国尚处于新兴技术发展阶段，在城市公共交通领域的应用经验，还有待不断总结，选用这项技术方案时，应做充分的技术经济比较。

6. 自动导向轨道系统（Automated Guideway Transit System）（AGT）

自动导向轨道系统，是一种车辆采用特制的橡胶轮胎在专用轨道上运行的中运量旅客运输系统，其列车沿着特制的导向装置行驶，车辆运行和车站管理采用计算机控制，可实现全自动化和无人驾驶技术，通常在繁华市区线路可采用地下隧道，边缘市区或郊外宜采用高架结构。

自动导向轨道系统适用于城市机场专用线或城市内区域间客流相对集中的点对点运营线路，必要时，中间可设少量停靠站。

目前，我国城市尚无建设这种客运交通类型的案例，策划评选时应做好充分的技术论证和经济分析比较。

车辆定员标准按车厢座位数设定，定员约 70～90 人，车辆轴重不超过 9t，自动导向轨道系统主要标准及特征如表 1-5 所示：

自动导向轨道系统主要标准及特征　　　　　表 1-5

项目		标准及特征	说明
车辆	车型	胶轮导向车	
	车辆宽度（mm）	2600 或 2500	不推荐采用大于 2.6m 车宽的车型
	车辆长度（m）	7.6～8.6	
	车辆最大轴重（t）	9	
	列车编组（辆）	2～6	
	列车长度（m）	17.2/52.0	
线路	形态、形式	架空或地下、全封闭型	
	线路半径（m）	≥30	
	线路坡度（‰）	≤60	
客运能力（万人次/h）		1.5～3.0	
供电电压及方式		DC750V 或 1500V，三轨供电	
平均运行速度（km/h）		≥25	

为实现导轨式车辆的轻量化要求，车体结构以铝合金和纤维强化塑料为主要材料制成。

车辆的导向方式有三种形式，即侧面导向、中间导向和中间沟侧导向，如图 1-1 所示，其中以侧面导向方式使用较多。

当车辆从正线股道要转向另一条股道时，可在道岔区段内的导向侧墙上，设置可动导向槽板来引导车辆转向，这与传统的钢轨转向道岔是不同的，其转向原理构造如图 1-2 所示。

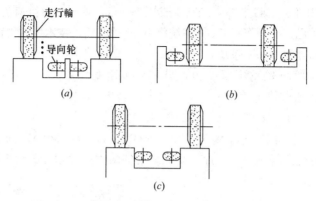

图 1-1 导向方式示意图

（a）中间导向；（b）侧面导向；（c）中间沟侧导向

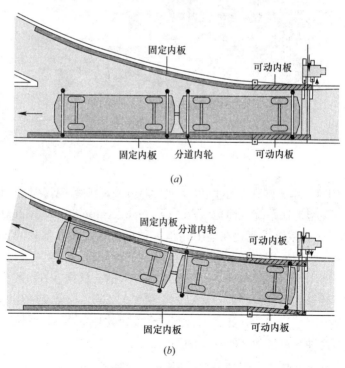

图 1-2 道岔构造示意图

（a）直行方式；（b）转向方式

1981 年，日本神户首先建成一条 AGT 系统，到目前为止日本全国已建成通车的 AGT 系统已有 10 条线路，技术发展很快。

日本的 AGT 系统，通常为 4～6 节车编组，每节车定员约 75 人，车辆轴重不超过 9t，最高行车速度为 60km/h，最小曲线半径通过能力为 $R=25m$，最大爬坡能力可达 60‰，车辆供电方式为直流 750V 或三相交流 600V。

当列车按 6 节车编组，如图 1-3 所示，行车间隔定为 2min 时，按超载率为 130％计，则该系统的最大客运能力为单向高峰小时约 18000 人次。

图 1-3　自动导向轨道系统示意图

1983 年法国在里尔市也首次建成了 AGT 系统，但法国称其为轻型地铁系统，简称 VAL（Vehicle Automatique Leger）。

VAL 系统主要建在地下，是一种全自动化无人驾驶的客运系统，车辆采用橡胶轮子，并在限定的导轨范围内运行，其技术原理和特点与日本的 AGT 系统是一致的。法国 VAL 系统的车辆型号共有两种，即：VAL206 和 VAL256。通常 256 型车辆是提供国外用户的，如我国台湾的台北市建成的 VAL 系统就是用的这种车型，而 206 型车辆则为法国本土使用。

其主要技术参数如下：

一列车由两节车厢固定联挂，若有需要可再继续联挂，但加挂单元是固定的两节车厢。列车长度：26m；车厢宽度：2.06m；车厢高度：3.25m；载客定员：124 人（其中座席 68 人）满载超员：208 人；最大车速：80km/h；列车自重：30t；

满载重量：46t；最大爬坡能力：70‰；最小转弯半径通过能力：不小于 40m；最小曲线半径通过能力：不小于 1000m；系统客运能力：当两列车编组，行车间隔为 1.5min，则单向高峰小时客运量为 17000 人次左右。

7. 市域快速轨道系统（Urban Rapid Rail Transit System）

市域快速轨道系统，主要在地面或高架桥上运行，必要时也可采用隧道。当采用钢轮钢轨体系时，标准轨距亦为 1435mm，由于线路较长，站间距相应较大，必要时可不设中间车站，因而可选用最高运行速度在 120km/h 以上的快速特种动车组车辆，也可选用中低速磁悬浮列车进行技术经济比较。

8. 城市客运索道和缆车

（1）客运索道（Passenger Ropeway）

索道系统是由驱动电机和钢索牵引的吊厢，以架空钢索为轨道运行的客运方式，称为客运索道交通。

主要由支承塔架、承载索、牵引索（在循环式索道中，承载索和牵引索合一）、驱动机、载人吊厢、站台建筑、吊厢车库、售检票系统、运行控制设备和通信设施等组成。

索道系统技术水平发展已很完善，安全性能可靠，在旅游景区等地形特殊环境当中，作短途客运之用，尤其在山区游乐场所，修建索道系统作为客运交通工具的已很普遍。其运行方式如图 1-4 所示。

近年来世界许多城市也已经开始尝试建设架空索道系统作为公共交通的一部分，补充传统地面交通的不足，避免道路拥堵，跨越河流、山地峡谷等障碍物，提供便捷、舒适、无障碍的新型通勤方式。

图 1-4　巴西里约热内卢的城市客运索道

比如，2012 年伦敦奥运会期间，Emirates Airlines 作为连接泰晤士河两岸的地铁站的索道交通系统，已经成为伦敦市内的新地标。

在玻利维亚首都拉帕斯已经建成世界最大的索道公共交通网络，一期工程包括 6 条线路，总长达 30km，如图 1-5 所示。

图 1-5　玻利维亚首都拉帕斯的索道网络

根据目前索道最新技术的发展，最大运量可以达到 5000 人/单向小时，完全可以满足城市公共交通中的短途接驳用途。

（2）客运缆车（Passenger Cable Car）

客运缆车也可称为地面缆车＜Funicular＞，是一种为山区城市有效处理地形高差较大之间的客运工具，车厢以钢轨承重和导向，轨道沿地形自然坡面铺设，车厢本身无动力设备，由集中控制的钢缆索循环转动而牵引拖拉车厢运行，称为客运缆车交通。

客运缆车系统主要由车站建筑、轨道基础设施、轨道结构、牵引钢索、导向轮、驱动系统、行车控制系统、通信设施和载人车辆组成。

缆车方式主要解决地形高差较大、坡度很陡的山地交通需要，其客运量不大，通常视车厢容量而定。我国的重庆市和香港特别行政区等都建有缆车系统。其运行方式如图 1-6 所示。

图 1-6 客运缆车系统

1.3 城市轨道交通系统的适用范围

1. 概述

城市轨道交通各类形式的适用范围，应根据其各自的特点和多方面的约束条件，经过全面比较和权衡，进行优化选择后确定。

所谓多方面的约束条件，是指以下主要方面：

（1）城市主要交通廊需要集中运送的预测客流量最大控制数；

（2）线路规划用地及线路形态布局的制约条件；

（3）系统限界及线路布设技术参数的允许范围及极限控制条件；

（4）机电设备及车辆通用技术适应条件及合理匹配要求；

（5）地方财政投资能力。

城市轨道交通类型虽然很多，但都有各自的技术特征，每种类型为维持自身的长期运营能力，都需要有与之相应的技术支撑条件和基础工业作为后盾。

因此，有些轨道交通类型，技术虽然都很先进，在国外城市建造和运转都很自如，但是否能照抄照搬到我国城市，这就需要慎重考虑和研究，盲目引进，追求高标准和高技术，势必带来严重后患，尤其是脱离了我国现有技术力量的支持，将很难维持这些轨道交通的长期运营管理。

2. 适用范围

为便于项目建设单位和建设主管部门，在评选城市轨道交通类型和建设决策时有所参考，不同类型的适用范围推荐如下：

（1）地铁系统

系统最大客运量：30000～70000 人次/单向小时；

走行空间条件：专用线路、地下隧道、高架或局部地面，线路允许最小曲线半径 $R \geqslant 300m$、线路最大坡度限制 $i \leqslant 35‰$、站台最大长度限制 $L \leqslant 200m$；

技术支撑条件：常规机电工业技术、高新技术应用；

城市人口规模：200 万人口以上；

国内生产总值：GDP 400～600 亿元以上的城市。

（2）轻轨交通系统

系统最大客运量：10000～30000 人次/单向小时；

走行空间条件：专用线路或不超过 30% 的混合交通、高架或地面、必要时局部地下隧道、线路允许最小曲线半径 $R \geqslant$ 50m、线路最大坡度限制 $i \leqslant 60‰$、站台最大长度限制 $L \leqslant$ 100m；

技术支撑条件：常规机电工业技术、高新技术应用；

城市人口规模：100 万人口以上或超、特大城市轨道网络匹配需求；

国内生产总值：GDP 300 亿元以上的城市。

（3）有轨电车

系统最大客运量：5000～10000 人次/单向小时；

走行空间条件：混合交通线路或部分专用线路、地面为主、线路允许最小曲线半径 $R \geqslant 20m$、线路最大坡度限制 $i \leqslant 60‰$、站台最大长度限制 $L \leqslant 60m$；

技术支撑条件：常规机电工业技术、高新技术应用；

城市人口规模：50 万人口以上或大、中城市轨道网络匹配需求；

国内生产总值：GDP200 亿元以上的城市。

（4）线性电机车系统

系统最大客运量：15000～35000 人次/单向小时；

走行空间条件：专用线路、全高架结构、线路允许最小曲线半径 $R \geqslant 50m$、线路最大坡度限制 $i \leqslant 80‰$、站台最大长度限制 $L \leqslant 140m$；

技术支撑条件：常规机电工业技术、专用机电设备生产技术、高新技术开发与应用；

城市人口规模：200 万人口以上；

国内生产总值：GDP1000 亿元以上的城市。

（5）自动导向轨道系统

系统最大客运量：10000～18000 人次/单向小时；

走行空间条件：专用线路、全高架结构或地下隧道、线路允许最小曲线半径 $R \geqslant 40m$、线路最大坡度限制 $i \leqslant 70‰$、站台最大长度限制 $L \leqslant 80m$；

技术支撑条件：常规机电工业技术、专用机电设备生产技术、高新技术开发与应用；

城市人口规模：100 万人口以上；

国内生产总值：GDP 600 亿元以上的城市。

（6）单轨系统（Mono Rail Transit System）

系统最大客运量：10000～26000 人次/单向小时；

走行空间条件：专用线路全高架结构、线路允许最小曲线半径 $R \geqslant 50m$、线路最大坡度限制 $i \leqslant 60‰$、站台最大长度限制 $L \leqslant 100m$；

技术支撑条件：常规机电工业技术、专用机电设备及轨道梁生产技术、高新技术应用；

城市人口规模：100 万人口以上或大、中城市轨道网络匹配需求；

国内生产总值：GDP 600 亿元以上的城市。

以上论述的 6 种城市轨道交通类型适用范围，是各城市在开展项目前期研究工作和建设立项时常要遇到的问题，怎样更为客观和深入地选择适当的轨道交通类型，还应根据城市的特定环境条件和经济实力来考虑。

由于我国城市的经济发展还存在差距，国家的经济实力也不够富裕，而城市轨道交通项目的建设造价又都很昂贵。

因此，在我国当前经济条件下，应充分利用我国现有成熟的工业基础力量，尤其是实力雄厚的铁路工业技术的经验和专业化生产能力，以便于达到经济、实用、安全和实施国产化的目的。

为此建议，在选择城市轨道交通类型时，都应优先考虑采用以钢轮钢轨为走行体系的交通系统。

（7）市域轨道交通系统

市域快速轨道系统是一种大运量的轨道运输系统，客运量可达 50 万～80 万人次/日（一般不采用高峰小时客运量的概念），适用于邻近大中城市之间或城市区域内重大经济区之间中长距离的客运交通。

（8）城市索道和缆车

1）客运架空索道（AerialPassenger Ropeway）

客运架空索道主要用在山地城市、跨水域城市或克服天然障碍的短途客运，一般不大于5km。索道系统主要由支承塔架、承载索、牵引索（在循环式索道中，承载索和牵引索合一）、驱动机、载人吊厢、站台建筑、运行控制设备和通信设施等组成。

双往复式索道的两个吊厢分别沿线路两侧的钢索交替运行。其吊厢应为封闭式，吊厢定员为4～200人，客运能力不大于4000人次/h，运行速度不大于12m/s。

循环式索道的吊厢沿线路两侧的钢索循环运行。吊厢定员4～24人，索道最大坡度不宜大于45°，客运能力不大于4500人次/h，运行速度不大于7m/s。

三线索道每侧由两根承载钢丝绳和一根牵引钢丝绳组成，车厢循环运行，吊厢定员26～35人，运行速度8.5m/s，运量可达5000人次/h。

2）客运地面缆车

缆车方式主要解决地形高差较大、坡度很陡的山地交通需要，其客运量不大，通常视车厢容量而定。适用于需要克服地域高差较大的短途客运交通线路，以及山区旅游地区等。

缆车系统的载人车辆，为无动力轨道车辆，车辆宽度和轨距标准可根据线路环境条件确定或参照轻轨交通标准采用，车辆定员为40～120人，客运能力根据距离和车厢定员确定，运行速度不大于5m/s，线路坡度不宜大于45°。

3）自动捷运系统（APM）

主要用于城市内不超过5km的短途接驳，如交通枢纽之间、机场航站楼之间、会展中心与停车场之间等。其车辆编组、容量、运行速度以及运输能力可以特殊设计，根据不同用途和场景量身定制。

其运行方式如图1-7所示。

图 1-7 自动捷运系统

第2章 城市轨道交通项目
建设前期工作程序

2.1 概　述

城市公共交通是与人民群众生产生活息息相关的重要基础设施，城市交通拥堵和群众出行不便等问题日益突出，严重影响了城市经济的有序发展和人民群众的生活质量，为有效缓解和改善上述问题，优先发展城市轨道交通的策略，是具有深远战略意义的有效决策。

城市轨道交通项目是城市建设百年大计的重要基础设施之一，具有一次性投资巨大，运行费用高，社会效益好而自身效益较差的特点。

因此，发展城市轨道交通应当坚持量力而行、有序发展的方针，合理控制建设规模和发展速度，要与城市规模和经济发展水平相适应，防止盲目发展和过分超前。

因此，国家对重大基建项目的建设立项，应严格按照国家有关规定和建设前期工作程序进行。

项目的前期工作管理，涉及建设项目立项决策阶段的管理、项目的设计管理、资金筹措管理、项目的监理管理、项目的招标投标与合同管理、项目的施工管理、项目的竣工验收、项目的后评估、项目管理信息系统等。

项目前期工作，是指建设项目从规划确定到开工建设之前，所进行的一系列准备工作，是整个项目建设过程中必不可少的阶段。

项目前期，是指自规划确定项目名称和选址工作开始，至项目开工批复前的任务实施和前期管理工作期限。

在此期间项目主管部门和组织单位应全力做好项目的前期工作，只有高质量的项目前期工作，才是项目成功的基础与保障。

尤其是按照国务院投资体制改革政策的要求"谁投资、谁决策，谁收益、谁承担风险"的原则，无论是政府投资项目或企业投资项目，充分做好项目前期工作都是极为必要的。

做好项目前期工作还可取得三大优势：

（1）通过系统的市场调研，可提高项目建设的成功率；

（2）在建设用地十分紧张的情况下，可缓解项目建设用地紧张问题；

（3）通过扎实的项目前期工作，达到《政府核准的投资项目目录》要求，有利于项目早上马。

当地方主管部门提出建设城市轨道交通项目后，承办建设项目的组织单位，应严格按照基本建设规定的顺序，开展建设前期工作。

根据多年来我国地铁建设前期工作的实践经验，其工作程序主要包括城市轨道交通总体规划、项目建议书（预可行性研究）、可行性研究（设计任务）、初步设计（扩大初步设计）、技术设计和施工图设计六个阶段。

通常前一阶段的工作未完成和未经批准，不得进行下一阶段的工作。

2.2 城市轨道交通建设项目的规划

1. 城市轨道交通规划的意义

自改革开放以来，我国的城市规模和经济建设都有了飞速的发展，城市化进程在逐步加快，城市人口在急剧增加，大量流动人口涌进城市，人员出行和物资交流频繁，使城市交通面临着严峻的局势，全国大中城市普遍存在着道路拥挤、车辆堵塞、交通秩序混乱的状态。

目前，我国百万人口以上的大城市已发展到 79 座之多，很多大城市为了改善城市交通的困境，都纷纷在策划修建大、中运量的地铁或轻轨交通项目，并投入了大量的人力和物力，进行了不同程度的轨道交通项目建设前期工作和可行性研究，基本认识到重点发展以轨道交通为骨干的公共交通网络体系，已是必然的趋势。

轨道交通项目，是一个城市有史以来规模最大的市政工程基础设施建设项目，它的建设和实施是城市中的百年大计，对城市的模式和发展都将产生深远的影响。

因此，轨道交通规划，是一个极为重要和需要首先开展的问题。

怎样做好一个城市的轨道交通规划、编制原则和需求条件，以及一旦轨道交通项目按规划建成后，是否能充分发挥城市交通和市际交通的整体效益和促进土地的有效开发利用，这都是当前急待探索和需要解决的重大问题。

由于历史的原因，我国城市交通规划和城市总体规划，往往都不能做到同步协调进行，通常都滞后于城市总体规划，甚至滞后于当地其他市政工程项目的建设进度，使得这些城市在建设轨道交通项目时，显得极其困难，以致必须投入大量拆迁资金，才能实现轨道交通项目的建设。

对于一个正在改造或新建的城市来说，为了能在城市总体规划中体现当前的经济活力以及可持续发展的基础实力，充分做好城市轨道交通网络规划，将是总体规划好坏的一个重要环节，交通路网中的每一条线路或者每一个节点是否合理，不仅直接影响到所覆盖的城市区域，也将影响到整个网络覆盖的地区。

轨道交通的规划，不仅使一个城市具备了完善的交通基本骨架，而且对整个城市经济的健康发展，也将起到积极的推进作用。

规划工作是国家重大建设工程项目投资决策过程的重要依

据，规划的编制是否全面或完善，都将对建设项目产生深远的影响，城市轨道交通项目也不例外，同样存在这个问题。

所有拟建城市轨道交通项目的城市，应在编制城市总体规划及城市交通发展规划的基础上，根据城市发展要求和财力情况，组织制定城市轨道交通建设规划，明确近期建设任务和远期目标，以及相应的资金筹措方案。对建设城市轨道交通项目的线路规划，要搞好沿线土地规划控制，编制专项土地控制规划，防止其他新建建筑物对线路的侵占。

2. 城市轨道交通规划的范围及内容

（1）城市轨道交通的网络规划的主要范围，应从两个层次上考虑。

1）第一层次规划：为使国家宏观控制需要而做，即全国城市发展轨道交通的需求迫切性及排序规划，可称之为"全国城市轨道交通发展规划"，这项规划应由国家有关部门统筹安排，组织力量实施。

我国的大中城市数量很多，虽然已有规定允许百万人口以上的城市可以考虑修建轨道交通项目。但是，是否每座城市都需要建，是否都要同时修建，是否有经济实力等问题，都应超前掌握，以便能更为客观而科学地进行立项判断和宏观调控。

这项规划的主要内容应包括：全国有可能修建轨道交通项目的城市数量；该城市近期及远期的建设发展规模；城市交通现状及发展目标；城市人口发展前景及居民出行需求；城市经济发展状况及国内生产总值 GDP 近期及远期指标；城市环境保护控制指标；制定各类城市发展不同类型轨道交通的控制条件，立项原则，建设排序方案等资料。

这项规划的实现，将使国家有关部门对全国城市发展这种耗资巨大、建设艰难的轨道交通项目，能做到有理有据、循序渐进地进行安排，不致出现各地一哄而起，仓促上马的被动局面。

2）第二层次规划：为地方城市的具体交通网络规划，可称之为"地方城市轨道交通网络规划",这项规划应由地方政府部门主持,组织或委托有资格的咨询机构,在不违反城市总体规划原则下,进行交通网络规划的编制。

任何地方城市总体规划的区域,都必须覆盖城市的轨道交通网络位置,至于城市总体规划中,目前尚未能完全确定的区域,则在路网规划时,预留出已确定线路和待定线路之间的节点,以便将来改进这个网络时有所遵循。

城市轨道交通的规划,不能就一条线论一条线,而是应考虑其他公共交通网络的多因素影响关系,也不能仅依据现有交通模式、交通特性,套用道路网络规划的理论(如:放射环行理论、方格网理论)进行轨道交通网络规划。

而是应从城市发展战略的高度来研究,充分做到促进土地的开发利用,发挥城市综合交通的效益功能,满足城市客流的快速运转和疏散,尽量减少旅客频繁换乘的条件,以达到城市总体发展与交通规划一体化的目标。

在网络规划时,不仅要考虑轨道交通系统自身的重要设施,如:车站、车辆停放及维修基地等的合理布局,还要考虑与其他交通系统的接口关系,如:机场、火车站、公共汽车站和渡口等。

(2)城市轨道交通网络规划的主要内容,可按以下提出的要点进行参考:

1)调查客流量

①当地居民的居住结构:分析研究城市总体发展规划及区域实施规划;掌握影响客流量变化的因素;研究人口发展趋势。

②居民出行调查及预测客流量:在原有公交客流调查统计数据基础上,进行适当的客流调查(包括必要的 OD 调查);掌握客流量分布规律及近、远期控制数量。

③确定客流量:根据客流分布规律数据,在初步拟定的轨道网络结构上进行客流量分配;确定干线网客流量;确定网眼辅助交通客流量;按交通急需条件,确定网上轨道线路的建设

排序编号。

2）编制交通发展规划

根据本地交通现状及发展趋势，建立城市轨道交通模型，编制轨道交通线路网络规划，预计线路客运能力的目标，分析评价当前城市的客流动向状况。

3）选择客运交通系统

评估及比选各种轨道交通客运方式；比选最佳系统方案及其基础设施匹配条件；推荐优选的交通工具类型及系统方案。

4）项目投资方案规划

根据初步确定的轨道交通系统类型，分析估算线网上的每条线路建设投资，确定轨道交通网络实施的投资控制总金额和投资来源分析研究，预计项目运营管理费用水平，项目经济效益预评价等。

3. 城市轨道交通规划的基本原则

我国城市众多，城市的性质和特点也各有差异，发展城市轨道交通却是一个共同的目标，但选择地铁还是轻轨交通或其他轨道交通方式，就不能都是完全一样的了，面临多样化的轨道交通类型，在编制交通规划时，应遵循一个相对一致的原则，才能使我国城市轨道交通的建设，得以健康发展。

基本原则如下：

（1）符合国家的轨道交通总体发展计划和战略；

（2）支持城市总体发展方向和交通政策；

（3）引导形成城市化（城镇群/卫星城）土地发展的模式；

（4）有利于城市地下空间的开发和利用；

（5）节约土地和资源、注意生态和环境保护；

（6）有利于形成城市/城市群轨道交通运输系统，促进交通结构多元化的合理转化；

（7）充分利用现有设施（如：有轨电车、隧道、旧铁路、市郊铁路等），促进技术设备国产化；

（8）有机协调城市道路网络、公共汽车网络、对外客运交通设施、重大公用设施等的兼容和配合；

（9）运用现代规划的预测分析技术，在充分客观的调查基础上，建立科学的规划成果；

（10）强化交通系统选型的综合分析，尤其是经济对规划的影响。

2.3　项目建设前期工作程序

1. 前期工作的重要性

城市轨道交通项目是城市建设百年大计的重要基础设施之一，具有一次性投资巨大，运行费用高，社会效益好而自身效益较差的特点。

因此，发展城市轨道交通应当坚持量力而行、有序发展的方针，合理控制建设规模和发展速度，要与城市规模和经济发展水平相适应，防止盲目发展和过分超前，建设立项应严格按照国家有关规定和建设前期工作程序进行。

项目前期工作是指建设项目从规划确定到开工建设之前，所进行的一系列准备工作，是整个项目建设过程中必不可少的阶段。

项目前期是指：自规划确定项目名称和选址工作开始，至项目开工批复前的筹建组织、任务实施和前期管理等工作期限。

在此期间项目主管部门和组织者，应全力做好项目的前期工作，只有高质量的项目前期工作，才是项目成功的基础与保障。

按照国务院投资体制改革政策的要求"谁投资、谁决策，谁收益、谁承担风险"的原则，还可取得三大优势：

（1）通过系统的市场调研，可提高项目建设的成功率；

（2）在建设用地十分紧张的情况下，可缓解项目建设用地紧张问题；

（3）通过扎实的项目前期工作，达到《政府核准的投资项目目录》要求，有利于项目早上马。

因此，无论是政府投资项目或企业投资项目，充分做好项目前期工作将是极为必要的。

2. 项目建议书

所有拟建城市轨道交通项目的城市，应在城市总体规划及城市交通发展规划的基础上，根据城市发展要求和财力情况，组织编制城市轨道交通建设项目建议书，明确远期目标和近期建设任务，以及相应的资金筹措方案。

项目建议书，是拟建城市轨交通项目最初的预见性推荐报告，主要应充分论证城市轨道交通项目建设的必要性，综合研究项目的市场需求迫切性，经济投入的合理性和有效性，选用技术的先进性和适用性，以及建设实施的可能性和可行性。

项目提出单位应根据当地经济发展要求，结合自身各项资源条件，向上级主管部门提出具体项目的建设方案和书面文件。

通过市场预测研究，进行市场前景和经济分析，提出项目方案是否合理、资金来源是否可靠的评价结论，供上级主管部门审查。

项目建议书由上级主管部门审查、批准后，即可列入项目前期工作计划。项目建议书的审批能否通过，关系到项目是否能继续往下进行的前提条件。

通常应具备以下基本内容：

（1）项目提出的背景和依据；（2）建设规模、市场预测的调研；（3）建设地点及项目设计、协作配套工程方案；（4）建设标准、主要设备和技术水平的评选；（5）资源、原材料、燃料供应、动力、运输、供水等协作配合条件；（6）节能条件、环境保护及抗震等要求；（7）劳动定员和人员培训方案；（8）工程招标计划（9）预计的建设工期和实施进度；（10）投资估算和资金筹措方式；（11）经济效益和社会效益分析。

3. 可行性研究报告

（1）可行性研究的目的

一份客观而完美的可行性研究报告，必须对建设项目的主要方面都进行深入细致的研究，不容半点疏忽。

可行性研究就是对投资方向、新建或改扩建项目的社会需要、市场情况、资源条件、原料和燃料的供应条件、工程规模和结构造型、设施能力等，从技术、经济两方面做详细的调查研究，分析计算和方案比较。

同时，对工程项目建成后可能取得的技术经济效果进行预测、评估分析，从而提出是否值得投资和怎样建设的意见，以实事求是的态度，充分论证项目建设的必要性和可能性，为投资决策提供科学而可靠的根据。

（2）可行性研究的要求

在开展可行性研究时，应遵守以下 4 个方面的要求。

1）资料收集

对分析研究有用的资料都要收集，并着重收集工程所在地区的城市发展总体规划，城市交通网络规划、城市公共交通现状和公交客运需求。

同时，在实地勘测资料基础上，弄清轨道交通沿线的自然环境条件、水文地质情况、各种地下管网线路的分布状态，以及拆迁占地条件等。

2）调查研究市场情况

根据预计的项目位置，对线路走向进行客流 OD 调查，预测轨道交通客运需求的发展远景和选择运能设计规模。通过经济发展的预测，推算整个工程建设资金投入后的社会效益和企业效益。还应调查各种建筑材料和技术装备的市场价格，了解当地劳动力的供应情况。

引进装备还应分析国外市场价格，研究引进技术、影子价格和通货膨胀等因素对工程造价的影响。

3）建设项目的技术经济研究

轨道交通工程建设开始，设计师们往往注重于从技术标准和美学观点去考虑自己的设计方案，对经济效益的作用注意比较少。一个优秀的设计方案应该符合最大限度的经济效益。

因此，可行性研究阶段，应针对同一目的，提出几个技术经济方案，作为该项目建设是否必要和是否可行的评价与选择依据。

4）评估与分析

可行性研究评估主要有 3 个方面。

即经济评估、技术评估和社会评估。

① 经济评估是可行性研究的核心，贯穿整个研究全过程，也就是衡量那些对工程技术有影响的、可用数据表示出来的因素，以便从经济观点出发，比较工程方案的优缺点，最后选择较好的方案。

在作出经济评估时，首先，要提出该项目投资总费用的估算值（包括工程造价、设备购置费、征地拆迁费等）；其次，要研究资金筹措的办法（国家投资、地方自筹、企业集资和各种贷款等）；第三，还要预测项目建成后对社会发展带来的影响，以及对企业效益和运营成本的估计。

② 技术评估是指城市轨道交通系统工程的设计方案，应做到总体布局合理，选用技术装备先进耐用，技术上都应符合国家有关规定和现行标准、规范的要求，要做到与城市自然背景相协调，节省能源和保护环境，沿线附属设施应匹配齐全，所设计的工程方案，应能适应现有施工技术能力和机具设备功能实施的条件。要认真贯彻设备国产化的有关政策，以及充分选用国产化技术装备的分析论证，积极采用国产设备和提高项目设备的国产化比例，总体国产化率应达到 70% 的目标，以促进国内设备制造业的发展。

③ 社会评估是指城市轨道交通项目，在实施过程中和建成

通车后,对整个社会的影响不能用数字表示的因素,如政治、文化、环境保护、生态平衡,保障公共利益,以及对城市建设与经济发展的促进因素等。

5) 同时应附加的文件:

① 环境保护部门批准的建设项目环境影响评价文件;

② 国土资源部门出具的项目用地预审文件;

③ 城市规划部门出具的规划设计方案审查意见或者规划批准文件;

④ 投资来源及银行贷款承诺;

⑤ 国家和自治区规定应提交的其他文件。

(3) 预可行性研究的基本内容

第一部分,需说明的内容。

1) 编制研究报告的主要依据;

2) 线路方案的基本构思;

3) 国内外先进技术的引用原则;

4) 全面论述系统工程主要技术方案、经济指标及预计达到的技术水平目标;

5) 施工原则及工程进展计划意向。

第二部分,城市现状评估及自然条件。

1) 城市经济地理概况及公共交通现状;

2) 拟建城市轨道交通路线影响范围的客运现状及经济发展态势;

3) 简述城市及线路范围的自然条件,如地形地貌、地质、水文、气候及地震等;

4) 评述沿线可能遇到的各种障碍及征用动迁条件;

5) 线路与其他客运方式的衔接条件及换乘措施。

第三部分,客流发展预测及建设的必要性:

1) 城市公交客流现状分析。

2) 线路客流预测及集散分配规律;

3) 根据同一线路客流通道发展前景,评选城市轨道交通类型的比较论证；

4）综合论证建设城市轨道交通建设项目的必要性和可能性。

第四部分，建设规模及项目总体布局方案。

1）根据客流预测近、远期目标，选定适当车型，编制初步的行车组织方案和运营计划，提出生产和生活用房的使用标准；

2）提出总体技术要求和限界控制范围，拟定各专业技术的标准或指标以控制总体技术水平；

3）根据规划要求，选定轨道交通路线的走向和主要控制站点、检修与停车场址，绘制线路初步方案的平、纵面设计图等；

4）提出总体方案相应的工程数量，如：土建结构、轨道工程、车辆检修与停车场、初期车辆数量、供电系统、通信信号及有关辅助装备设施等；

5）提出总体方案的推荐意见。

第五部分，轨道车辆运营对环境影响的分析。

1）预计项目建成后电动车辆运行对邻近街道和居住区环境产生的影响；

2）论述轨道系统工程噪声污染和电磁波影响程度及对策。

第六部分，投资估算及资金筹措。

1）根据地方的材料价格、预计的车辆和机电设备采购价格和可能的引进技术，编制推荐总体方案的投资估算（含各专业技术分项估算），必要时应提出比较方案的投资估算；

2）提出筹措资金的方案和来源渠道。

第七部分，经济评估。

1）项目建设总支出费用与使用对象所获得的效益，进行比较评估；

2）社会效益和企业效益评估，并提出财务分析和敏感性分析意见；

3）综合评估项目成果和经济指标，论述推荐方案的结论意见，并指出存在问题和改进建议以及需要说明的其他问题。

预可研究报告的主要附件：

1）轨道路线在城市中的地理位置图；

2）轨道线路总体方案平面示意图；

3）轨道线路典型断面艰界图；

4）车辆检修及停车场平面布置图；

5）主要技术经济评估指标表；

6）投资估算总表；

7）近远期规划客运量预测表；

8）近远期运营配车计划表；

9）项目的建设工作进度计划表。

(4) 工程可行性研究的基本内容

第一部分，需说明的内容。

1）城市概况；

2）城市公共交通现状；

3）建设轨道交通的必要性和可能性。

第二部分，自然条件。

1）工程范围的地形地貌状况；

2）城市地下及地上管网线路现状；

3）建设范围的气象资料；

4）工程范围的水文地质资料。

第三部分，技术标准及限界。

1）轨道系统工程应遵循的综合技术标准；

2）车辆通用技术条件；

3）建筑限界、车辆限界和设备接近限界。

第四部分，总体布局及线路。

1）总体布局设计及线路位置和走向；

2）车站及车场位置选定；

3）线路平、纵面及横断面图。

第五部分，客流预测及分析。

1）预测的基础资料；

2）预测的内容和方法；

3）预测的结果和分析；

4）设计客流量的确定。

第六部分，行车组织与运营管理。

1）客运系统设计规模；

2）行车组织方案；

3）客运管理计划；

4）组织机构规模和定员。

第七部分，车辆选型。

1）选择车型的条件及其分析结论；

2）选定车辆的主要技术规格；

3）车辆来源分析与订购意向。

第八部分，土建工程设计方案。

1）地面线路的路基工程；

2）高架线路的桥梁结构工程；

3）地下隧道的结构工程；

4）轨道结构工程；

5）上述工程方案的技术评选。

第九部分，车站建筑。

1）车站建筑设计原则及造型构思；

2）车站站台设计标准及技术要求；

3）车站布置及装修工程标准；

4）车站出入口及换乘站通道布置方案；

5）其他附属建筑物、步行梯、电梯和无障碍设施的设计方案。

第十部分，停车场及设备综合维修基地。

1）基地选址及总布置图；

2）按综合维修工艺方案规划相应布置图；

3）停车场布置方案；

4）基地管理用房及其他辅助配套设施布局。

第十一部分，供电系统。

1）电源及用电负荷估算；

2）牵引变电所布置方案；

3）牵引供电触线网设计方案；

4）主要设备的选型；

5）动力照明系统方案。

第十二部分，通信与信号。

1）通信系统方案及设备选型；

2）信号系统方案及设备选型；

3）系统集中控制技术及方案比选；

4）车辆自动控制技术及装备比选；

5）辅助配套设施的技术条件。

第十三部分，投资估算。

1）估算编制原则及依据；

2）建设项目工程量及机电设备汇总表；

3）分项工程造价估算；

4）工程及设备购置总投资估算。

第十四部分，经济效益评估及资金筹措。

1）经济效益评估原则及方法；

2）社会效益评估；

3）企业效益及财务评估；

4）综合论证评估结果。

第十五部分，结论与建议。

1）项目建设的可能性结论意见；

2）存在的主要问题及克服措施；

3）项目建设决策的建议。

（5）可行性研究存在的问题

实践证明，可行性研究能较好地反映工程建设的客观规律，具有可信的科学性和实用性，但也存在一定的局限性，主要表现在以下两个方面：

1）不精确性：通过各种手段收集到的原始资料很难达到预

计的精确性，如客流量调查或交通量调查、社会经济发展调查乃至自然条件调查等，受人类行为控制的预测结果，都很难做到精确可靠，因此，所采集到的预测数据，只有相对的精确性，要取作决策依据时还应做好理论分析和经验判断。

2）不全面性：对一条城市轨道交通项目的投资效应，不太可能作出全面影响作用的定量分析，只能对一些主要影响因素加以论证分析，如对地区经济发展的推动，线路客运方式对市民出行方便带来的经济效益，项目的投资影响对新增就业岗位产生的经济效益等。而对外围的或派生而出的投资影响，几乎不可能全面的勾画出来。因此，往往估算的造价较大，而预测的投资回报效益却不尽相称，这也是社会公益项目的基本特点。

综上所述，"可行性研究"应在充分客观和科学严谨的调查研究基础上，对项目建设的必要性、技术可行性、实施条件的可能性、经济投入的合理性，提出综合的和全面的研究论证报告，它不仅是城市轨道交通建设前期工作的重要组成部分，也是项目立项和工程实施的决策依据。

只有在可行性研究报告获得批准后，才能继续开展项目的工程设计工作和组织工程的实施任务。

4. 项目的初步设计

根据批准的可行性研究报告或设计任务书，对具体的城市轨道交通系统工程建设全貌进行初步设计，设计前必须进行初测工作对现场的地形、地貌和地质水文进行初步勘探，以便控制总体工程数量。

初步设计应解决建设规模大小，线路走向、形态和车站位置的设计方案，车辆和主要设备类型概数，主要工程数量和材料概数，工程用地及拆迁概数，以及施工组织方案和编制总概算。

初步设计文件（包括控制工程规模的总体方案设计）由设计说明书和各专业的设计说明书、系统工程的初步设计图纸、车辆及主要设备配置方案和工程总概算、材料表等 4 部分主要内容组成。

在初步设计阶段，各专业应对本专业内容的设计方案或重大技术问题的解决方案，进行综合技术经济分析，论证技术上的适用性、可靠性和经济上的合理性，并将其主要内容写进本专业初步设计说明书中。

设计总负责人应在设计总说明书中，对工程项目的总体设计的优越性和存在问题，予以阐明和论述。

初步设计文件深度应满足以下要求：

（1）应符合已审定的总体设计方案；

（2）能据以确定土地征用范围；

（3）能据以准备客运车辆的类型与数量、主要机电设备及工程材料；

（4）应提出控制工程总体造价的设计概算，作为确定项目投资的审批依据；

（5）能据以进行施工准备和施工图设计。

5. 项目的技术设计

根据初步设计的审批意见，深入进行项目的技术设计。设计前必需进行现场定线（地形详测）、地质钻探和补充初测资料内容的不足工作。勘测工作应有设计人员参加，应确定线路的平面和相应的纵断面图，并处理应在现场解决的问题，以便收集到可靠的资料进行设计。

技术设计应确定设计方案的便于实施和达到预计技术水平的目标，绘制准确的工程结构图和计算相应的工程数量，统计出车辆和主要机电设备的类型与数量，确定征用土地和拆迁的控制数量，完成施工组织设计和修正工程总概算，适应车辆、主要机电设备和材料的订货要求。

技术设计经主管部门审查批准后，即可作为城市轨道交通项目总规模和总投资的建设控制依据。技术设计文件还是委托施工任务和组织工程招标的根据。

通常，鉴于项目建设的紧迫性，为压缩设计周期，但又必须满足设计质量要求，可考虑采用一项简化的"扩大初步设计"措施，其内容应有效组合初步设计和技术设计两阶段的技术要求于一体，以达到建设前期工作质量要求的目标。

6. 施工图设计

根据批准的技术设计文件，落实施工任务后，按照具体施工条件和进度计划要求，即可组织施工图设计，绘制具体的施工图纸和详细的计算，准确达到实现工程实物形态及其承载强度的要求，同时编制施工预算，提出工程材料和机电设备的数量清单，确保施工准备和按计划开工的需要。

通常，施工图设计不再进行审批，由设计单位向施工单位进行设计交底和派驻现场设计代表即可。

第3章 城市轨道交通项目
的建设策略探索

3.1 轨道交通建设资金来源问题

发展城市轨道交通系统，首先要解决的是建设资金问题，一个城市的轨道交通系统，完全靠城市自己提供建设资金是很困难的。

但是，能不能解决和如何解决好投资问题，是关系到轨道交通项目能否修建、选择何种类型以及建设速度的根本问题。

城市轨道交通项目究竟由谁来投资，应该投资多少，参与投资者的投入比重等，都涉及很多影响因素。

鉴于城市轨道交通是社会公益性大型基础设施项目，建设投资金额巨大，建成后社会效益宏大，而企业经济效益则具有一定的风险和不定因素，投资决策将显得更为需要量力而行和慎重。

以下国内外轨道交通建设资金来源的简要情况，以供分析研究和参考。

1. 国外轨道交通建设资金来源简况

根据初步掌握的国外有关资料分析，可看出国外城市轨道交通的建设资金来源主要有以下3大部分组成，即中央政府投资、地方政府投资和企业集资3方面来源，而这3方面投资的比重，则根据各国实际情况各有不同。

至于企业集资这一块，情况就更为复杂，通常可由企业自筹、各种贷款、社会集资和股份制等多种方式组成。各国情况举例如下。

（1）德国

德国在解决城市及近郊轨道交通系统的建设投资方面，首先必须遵循国家的有关法律和各项规章制度，若不能符合有关规章的要求，项目将得不到政府的资助，这些规章主要有：

地方交通财政资助法（GVFG）、成立德国铁路股份有限公司资助法（DBGRG）、近程公交财政区域分配法（REGG）、德国铁路扩建法（BSCHWAG）以及可能获得资助的其他条款等。

通常在满足上述主要法规的要求后，新建的轨道交通项目将会得到政府的资助，一般情况由联邦政府投资约占总额的60%，城市所在州的政府投资约30%，企业自筹集资约10%。

政府的资金来源，主要从矿物油所得税中提取一定比例，用于发展城市轨道交通的建设，该项费用由国家统一管理。

（2）日本

日本政府对城市轨道交通的发展十分重视，并制定了许多有关政策，使投资者可以获得各种补助和税制优惠，以促使全社会向轨道交通建设投资的积极性。其投资来源主要有以下几个方面。

1）各级政府补助

政府通常不直接参与轨道交通的投资，而是通过各种政策对轨道交通的投资者进行补助。

2）地方公共团体（相当我国的省、市、县政府）投资。

地方公共团体的出资比例，随地方公共团体和民间的财政状况；以及对该铁道的需求程度和必要程度而定。

3）发行地方债券、交通债券、铁道建设债券等。

4）申请无息或低息贷款。

城市轨道交通项目可以向国家申请"铁道建设基金"无息贷款，这是用于铁道建设的特定资金来源，可对建设费用的40%实施无息贷款。

5）使用者负担金。

为建立特定的城市轨道交通建设资金积累制度，在票价中增加一笔附加费，相应的运营收入增加量，可不用纳税，将用作大规模改造工程建设费的部分投资。

6）受益者负担金。

轨道交通建成后，从沿线受益较大的单位，收取部分资金或补偿。

7）内部保留金。

经营单位应将运营收入的一定比例，逐年积存下来，用于轨道交通再建项目的投资。

8）税制优惠政策等。

（3）法国

法国政府对轨道交通建设的投资政策，也不断进行改进，建设资金来源也主要是 3 个渠道，即中央政府、地区政府和企业自筹等。如巴黎地铁的建设投资，其中 40％是由中央政府投资，另有 40％的资金是巴黎大区政府提供，共余 20％则由企业自筹集资解决。

（4）其他

如泰国曼谷地铁项目是采用 BOT 方式进行投资和建设的。

又如马来西亚的吉隆坡轻轨系统，是由市政府决定授予一家私营企业 60 年的特许权，由该公司主持建造和运营该系统，建设投资均由该私营企业提供，并按 BOT 方式集资。建造方式则是采用的"交钥匙工程"方法。

2. 国内轨道交通建设资金来源简况

我国城市轨道交通项目的建设，主要表现在少数大城市的地铁工程建设上，其资金来源主要是地方政府自筹加上适当的国外政府贷款。由于我国城市轨道交通建设的投资来源。尚无完整的法规和政策。因此，各地在筹集建设资金时，其资金来源渠道及条件都不尽相同。现将有关城市轨道交通项目的投资来源情况简要介绍如下。

（1）广州地铁 1 号线

项目总投资约 127 亿元人民币，线路全长 18.5km，平均每公里造价 6.9 亿元人民币。

其中国内自筹占总投资的 63%，约为 80 亿元人民币。资金主要来源为拍卖公共用地所得利润的 30%、拍卖和租赁地铁线路周围物业的利润、建设税等。

其次向国外贷款资金占总投资的 37%，约为 47 亿元人民币。

(2) 上海地铁 1 号线

项目总投资约 71.4 亿元人民币，线路全长 16.1km，平均每公里造价 4.44 亿元人民币。

其中国内自筹占总投资的 55%，约为 39.1 亿元人民币。

其次向国外贷款占总投资的 45%，约为 32.3 亿元人民币。

(3) 北京地铁复八线

项目总投资约 69 亿元人民币，线路全长 12.7km，平均每公里造价 5.43 亿元人民币。

其中国内自筹占总投资的 79%，约为 54.5 亿元人民币。

其次向国外贷款占总投资的 21%，约为 14.5 亿元人民币。

(4) 重庆单轨 2 号线 (初期)

项目总投资约 33.78 亿元人民币，线路全长 13.98km，平均每公里造价 2.42 亿元人民币。

其中国内自筹占总投资的 40%，约为 13.52 亿元人民币。

其次向国外贷款占总投资的 60%，约为 20.26 亿元人民币。

综上所述，可看出我国早期城市轨道交通的建设资金来源主要是地方自筹和国外贷款两大渠道，而地方自筹又重点以土地开发利用和经营所得利润为主。

从当前我国国情来看，采取以上方式取得建设投资，也可说是一种务实手段。但随着经济的发展，城市建设发展规模也将趋向饱和，有利于开发的土地也越来越少，依靠国外贷款也不是长远之计，因此有必要认真研究一下我国城市轨道交通项目投资（和融资）的各种法规和策略，以便使这项公益性为主的城市基础设施项目，能获得应有的建设资金。

3. 投资政策及资金来源研究分析

(1) 投资政策研究

就城市轨道交通系统自身而言，是一种为大众利益服务的公共交通工具，其性质应属于公益性的市政工程基础设施范畴。它的存在，将能起到充分发挥社会效益的作用，而自身的盈利则是第二位的，大多数情况，还需要政府加以补贴，才能维持正常的运营。

因此，在城市轨道交通的项目投资问题上，既要有稳定的投资来源基本渠道，也要有机动灵活的融资策略。

也就是说，在我国国民经济不断发展的大好形势下，对任何一项轨道交通项目，构成其投资来源的主要渠道，宜由 3 方面组成。

1）国家投资（30％）

国家投入的资金，宜占项目总投资的 30％较为适当。这笔资金代表着国家对公益事业的支持，并起到对轨道交通保持既定发展目标的指导作用。

当然，还应制定更为严格和具体的评估论证程序和规章，以保证资金投放的正确性。

2）地方政府投资（30％）

地方政府投入的资金，应占项目总投资的 30％为宜。当地人民群众是轨道交通项目的直接受益者，地方政府理应维护本地公民的权益，投入部分资金。发展轨道交通，对改善当地交通和发展经济都将取得极为有利的效益。

3）企业集资（40％）

企业集资以业主法人为代表，投资比例为总投资的 40％。企业单位是项目建设和运营管理的业主，对项目建设的成败和投资效益的最佳成果，负有直接的法律责任，国家应扶持其进行融资的自主性和独立性，以便更好地集资和投入建设。

以上投资政策方案，仅为研究分析的构思，是否即能实施，还应深入研究，对于投资比例数量，也还需分析考证。

至于今后可能出现由私人企业承包经营或民间股份制企业以及 BOT 方式承办的轨道交通项目，将不属于以上投资政策范围，应另行研究对策。

（2）资金来源分析

由于城市轨道交通项目的建设造价都很高昂，需要的资金数额很大，又由于城市轨道交通系统技术复杂，专业种类繁多，高新技术含量也很高，因而建设周期较长，建设资金来源必须是多渠道的，方能满足要求。

1）国家投资的资金来源分析

国家资金来源的主要方面，可从全国矿物油交通附加税中提出一定比例，作为稳定的投资来源，其次应从国家基本建设发展计划中列入专项投资计划，建立财政拨款制度；统一安排国外各种金融贷款并纳入国家投资范围；制定各项金融优惠政策，如关税减免政策、利息补贴政策、设备国产化优惠政策等，均可作为国有投资的组成部分。

2）地方政府投资的资金来源分析

地方政府的资金来源，目前主要的渠道仍然要数土地划拨和物业开发所得利润为主要来源；其次可制定一些地方税制优惠政策；发行地方交通债券；使用者票价中附加建设积累金；沿线受益单位征收补助费等，可作为地方政府投资的组成部分。

3）企业集资

股票上市；发行项目建设债券；申请国家无息或低息贷款；股份制集资；租赁贷款；第三产业经营开发所得利润；申请公益事应有的各种补贴金等，可作为企业集资的范围。

以上资金来源分析，仅作为研究参考，至于怎样归类更为合理或是否还有遗漏问题，有待于进行专项研究或需要建立这项投资政策时再行考虑。

3.2 城市轨道交通设备国产化技术政策

1. 设备国产化原则

(1) 设备国产化的必要性

面临 21 世纪的到来，我国城市轨道交通蓬勃发展的趋势有增无减，需要供应大量先进的国产化技术装备已迫在眉睫。我国建设地铁从 1965 年至今已有 50 多年的历史，早期也做了必要的装备国产化工作，但技术水平都较低，车辆主要是以凸轮变阻控制方式为主，少量采用斩波调压控制，信号则采用继电式电气集中连锁、机车信号、移频自动闭塞和自动停车等设备。

虽然能为地铁列车安全运行和提高运输能力起着重要的保障作用，但从技术上分析与国外先进水平相比，还有较大差距。

城市轨道交通的技术装备，特别是轨道车辆，技术复杂、工艺要求高、需要大型专用设备，是技术密集型产业，涉及机械、电气、电子等各个领域，实际上反映出一个国家的基础工业水平。

随着国外机电产品应用高新技术的发展，城市轨道交通技术设备的投资，在工程总造价中所占的比重已越来越大，这主要是借贷外资产生的必然后果。

由于我国经济实力还有一定困难，城市轨道交通的建设资金暂时利用一些国外贷款，也不失为一项权宜之策，但同时也就带来一个引进国外装备的问题。而且一旦轨道交通系统建成通车后，大量备品、配件还需要长期依赖国外，这将使轨道交通系统稳定而安全地正常运行不易得到保证，日常维修保养也将处于受制于人的局面。

综上所述，为使我国城市轨道交通建设的健康发展，就应在项目建设起步阶段，同时考虑装备"国产化"问题和逐步建立起本行业的生产体系，这是十分重要和完全必要的。

（2）设备国产化的原则

为加快城市轨道交通设备国产化进程，促进城市轨道交通业健康发展，国家要求凡筹建城市轨道交通项目的业主单位，要在项目可行性研究阶段，认真做好国产化实施方案及进口设备清单的编制工作。并强调经国家批准开工的城市轨道交通建设项目，在建成时其全部车辆和机电设备的平均国产化率要达到70%以上，设备国产化的重点是轨道车辆和信号系统。

为实现以上要求，在国产化实施过程中还应考虑以下主要原则。

1）国产化技术水平起点

地铁和轻轨交通在国外已有一百多年的发展历史，其机电设备和管理技术都已逐步发展到充分利用当代高新技术成果的状态。

我国地铁和轻轨的发展历史很短，又处在国外技术成熟和提高时期。因此，在确定国产化技术水平时，应具有较高的起点，同时也要考虑常规的设备应具有成熟可靠的实用技术水平。在技术引进的基础上，通过消化、吸收，形成自主的开发能力和技术体系，研制出具有我国特色的地铁与轻轨技术装备。

当前，有些项目已引进了交流变频变压车辆，以及为实现高密度安全运行而引进的列车自动保护、自动运行及自动监控系统，在技术上均属世界一流水平。

利用引进的先进技术，提高我国技术装备生产水平，这是一个可喜的良好机遇。

地铁与轻轨线路一旦投入运用，为保证系统正常运行最重要的是要保证易损易耗件的供应，因此，备品备件的国产化应是首先要解决的问题。

2）建立和健全产品技术标准

应制定地铁与轻轨装备的各种产品技术标准，以便在引进和选择与我国轨道交通技术标准相匹配或兼容的技术装备时，不致失误，避免在引进车辆与技术装备时，出现不同型号、不同材料和不同尺寸的产品，给国产化带来困难。

　　3）坚持技贸结合原则

　　为加速国产化，应坚持在引进技术装备的同时引进国外先进生产技术的技贸结合方式，以便形成自主开发能力。

　　引进的目的，不但要解决我国对技术装备的需要，更主要的是在消化、吸收基础上形成自己的技术体系和提高自身的技术水平，避免一代又一代的引进。

　　从运用观点出发，引进技术装备应符合安全、可靠、适用、经济的原则，并要符合我国国情，且在技术上应是成熟的，经过运用考验，证实确是可靠的，而不是尚在研制和正在试验尚未成熟的设备，也不能选择已被淘汰、落后及陈旧的设备。

　　4）引入市场竞争机制

　　为避免地区和行业的垄断，充分发挥本行业机电设备技术发展的客观规律作用，以保证产品质量和生产水平的提高，必须引入市场竞争机制，在公正、平等的条件下，开展国产化工作。

　　但在初期阶段，还应有组织有计划的选择个别能起到技术牵头作用的工厂，作为定点生产厂，负责消化吸收国外先进技术，起到促进国产化的骨干作用。定点工厂要根据市场需求确定，不能每个城市都搞。由于我国地域广大，南北方差异较大，定点生产厂应有一个合理的布局。

2. 设备国产化的技术路线

　　技术装备国产化工作，应从调查研究入手，采用理论与实践相结合的方法，立足于中国的国情，充分发挥我国的技术优势，有选择、有目标地引进国外技术，使国产的产品达到技术先进而成熟，性能优良，价格比较合理的目的。

　　因此，国产化的技术路线应遵循的规律主要有以下几方面。

(1) 国产车辆技术定位

　　1）尽量选用载客量大的车辆，以满足中国人多，客流量大的要求，并能节省投资；

2）采用标准轨距 1435mm，供电制式以电压 750V 和 1500V 标准为主；

3）车辆走行系统采用钢轮钢轨体系，车体结构以逐步发展铝合金材料为宜，为适应车辆的自动控制，宜采用模拟式空气制动系统；

4）车辆传动技术，应努力发展以变压变频交流异步调速为主的传动系统技术；

5）采用计算机控制和必要的诊断显示系统；

6）城市轨道交通车辆的性能及技术要求，将有所不同，应根据各自的特点，选择相应的国产化发展路线。

（2）车辆轻量化路线

车辆的轻量化是世界各国都十分关注的课题。自 20 世纪 50 年代以来，国外大量采用不锈钢及铝合金车体，以尽可能减轻车体的重量，从节约能源的角度讲，减轻车辆重量是一个行之有效的办法。据有关资料分析，与普通碳钢车体相比，不锈钢车体其容量减轻约 3t，而铝合金车体则减轻重量约为 5t。

另外，车体轻量化还降低车辆的轴重，使线路负荷减轻，延长钢轨和车轮的使用寿命和维修周期，节约维修费用。对需要修建的高架结构，也可减小结构断面而节省造价，对系统的综合运营成本等都将带来明显的好处。

由于铝合金车体重量轻，耐腐蚀性能好，加工性能优良，从总体上看，它的优越性多于不锈钢车体，所以受到世界上多数国家青睐。在我国，全不锈钢车体的价格并不比铝合金车体价格低，因要求的原材料、工艺均较高，从符合我国国情并向世界先进水平靠拢出发，我国以选择逐步发展铝合金车体为宜。

（3）车辆牵引传动技术

牵引系统立足于交流电机变频调速系统是较为合适的。因为交流电机比直流电机有明显的降低能耗、易于维修的优点。而且，将来国产化的难度也比直流电机系统小（直流电机要解决电机制造和斩波器两个难点，交流电机只要集中解决逆变器一个难点）。

（4）列车运行控制技术

列车运行控制方式应以人工驾驶为主，同时应有计算机辅助驾驶（CAO）功能，并应具有完善的列车自动保护系统（ATP）和列车自动监视系统（ATS）等，还应充分利用计算机的功能，实现列车自动定位等技术。

（5）行车安全控制技术

列车的行车安全及客运能力，都将依靠信号控制技术来实现，因此，信号技术设备的国产化，目前应将重点放在基于音频数字化轨道电路的固定式自动闭塞系统技术和配套设备，同时应大力发展和研制基于无线通信电路的移动式自动闭塞系统技术及配套设备的国产化工作，及保持与国际信号技术的同步发展势态。

（6）机电设备系统的零部件

系统是由零部件组成，国产化宜从零部件入手，然后逐步实现系统国产化。由于国内已有一定产品，所以可通过对国产零部件的改进提高，使其达到国际先进水平，满足现代车辆对零部件的要求。

牵引电机电器是从普通的电机电器技术发展来的，仅仅在精度、可靠性及性能上有些特殊的要求，因而给设计、制造、试验等方面带来一些难度，所以可通过机电行业中的一些合资厂进行开发研制，利用合资厂较先进的技术与设备，生产出符合轨道交通车辆特殊要求的零部件及系统。

3. 设备国产化实施范围及国产化率策略

（1）产品国产化范围

根据国家所规定的城市轨道交通设备国产化的主要范围，具体为以下方面。

1）轨道车辆：重点应考虑地铁及轻轨系列车辆，包括其他类型车辆在内；

2）供电系统：应包括牵引变电系统和动力照明系统所需的

电器设备，其主要设备应适于 750V 和 1500V 电压等级的电源变压器、高中低压开关、开关柜以及交直流电缆等；

3）通信系统：应包括光纤数学传输 PCM 子系统、程控电话交换 PABX 子系统、闭路电视监控 CCTV 子系统、有线广播 PA 子系统、无线通信 RADIO 子系统和时钟 CLOCK 子系统等；

4）信号系统：应包括列车自动控制 ATC 系统的 3 大子系统，即列车自动保护子系统，地面 ATP 和车载 ATP 设备。自动监控子系统 ATS 和自动驾驶子系统 ATO，由于这些系统将会遇到采用 CPU 控制技术，已属于高技术范畴；

5）通风与空调系统；

6）给水排水系统；

7）环境监控系统；

8）自动扶梯和电梯系统；

9）自动售检票系统；

10）防灾报警系统等。

（2）设备国产化率策略

为促进技术装备国产化工作，发展我国自己的地铁与轻轨工业体系。引进技术装备应规定最低国产化率。特别是对车辆，由于车体转向架等机械部分，国内有一定生产基础，完全可由国内自己供应。此外，还有大量的易损易耗件，大部分是成熟的传统技术，国内生产也是有能力的。

因此，在引进国外装备的同时，应明确规定国产化率要求，这将是保护和推进我国民族工业发展的重要策略。

经国家批准开工的城市轨道交通建设项目，在建成时，其全部车辆和机电设备的平均国产化率要达到 70％以上。

对车辆的生产要求是：生产厂在第一个城市轨道交通项目所需全部车辆的生产期内，其车辆平均国产化率应不低于 60％；在第二个城市轨道交通项目所需全部车辆的生产期内，其车辆平均国产化率应不低于 70％。

对于信号系统的生产要求是：承担信号系统国产化的企业，

在第一个城市轨道交通项目配套设备的生产期内，其国产化率应达到60％以上，在第二个城市轨道交通项目配套设备生产期内，其国产化率应达到80％以上。

4. 设备国产化存在的问题及对策

（1）存在的问题

我国地铁与轻轨交通的建设历史还不很长，技术经验和管理经验也在不断积累和改进之中，现在提出的设备国产化问题，也可以说是在我国城市轨道交通发展进程中出现的新生事物，但也是必然要发生和必需解决的问题。

为了更有效地克服设备国产化工作在前进中可能出现的困难问题，需要认真研究和分析，找出客观存在的问题，以便寻求对策，逐步解决之。

存在的主要问题如下：

1）建设资金困难问题

地铁与轻轨交通是技术密集型的集机电为一体的高新技术系统工程，其建设规模一般都很庞大，且技术复杂、建设周期长、需要巨大的投资才能建成。

但由于国家还不能投入大量资金用于城市轨道交通项目，所需资金多由地方自筹和使用国外贷款，使工程建设过程带来较大困难。

同样，国产化过程中，由于技术装备品种批量少、生产周期长、成本较高、试制费用大等原因，工厂要策划国产化生产基地的前期准备和进行研制开发，都需要有适当的先期投资，单纯依靠工厂自行投入也是很困难的。

往往一个项目，筹集到建设资金后，集中财力用于工程建设尚感经费紧张，很难再从建设资金中来解决产品国产化的开发，只能是购买技术成熟的产品。

2）国外贷款的制约条件

由于国内资金还不能自给自足，各城市拟建的轨道交通项目，大多数是打算利用国外贷款方式，这既解决了资金来源不足的问题，又能同时引进国外先进技术装备。

因此，利用国外贷款将成为我国轨道交通建设的一种重要辅助模式。现在各城市采用的大多是双边关系的政府贷款，通常这种贷款还款期限较长，利率较低，带有适当的优惠条件，但其最主要的特点是所贷之款必须购买贷款国的车辆和机电设备。这将造成不同型号和制式的产品进入我国市场，给国产化工作带来极大不利，同时各国厂商纷纷抢占国内市场，使有关产品的价格都比较昂贵，从长远角度看是很不利的。

如果能争取引入国际金融机构的优惠贷款用于城市轨道交通项目，这将对国产化的推动可能会带来更有利的条件，这样国家即可采取宏观调控手段，由业务主管部门统一实施，使几个项目的通用装备采用一致的标准，为发展国产化奠定基础。

3）地区局限性问题

由于贷款因素而引进的设备，都存在一个需要后继生产的问题，许多城市希望地铁与轻轨技术装备的生产能在本地区、本城市解决。但地铁与轻轨的技术装备涉及跨行业，跨部门和跨地区生产问题，技术复杂、工艺要求高、生产批量又少，每个城市都要对本城市引进的技术装备进行国产化，必然出现许多重复建设、重复生产的局面，由于各地都不能形成规模生产，很难建立自主开发能力，必将造成极大的浪费。

4）国产化存在的风险问题

目前，许多任务厂企业对地铁与轻轨技术装备国产化工作都表示极大的热情，有些企业已开展大量前期准备工作，甚至投入资金和人力，但由于地铁与轻轨工程建设的前期准备工作和施工周期都很长，所需技术装备受很多因素影响，市场还不稳定。

由于轨道交通的机电设备，有的产品是通用性的，市场面比较宽，开发生产也较容易，但大部分设备为专用性的非标产品，批量不大，市场面就显得较为狭窄，通常供货厂商都要拿到订单后，才敢于安排生产。也可以说目前还没有一家企业，敢于在无具体依托项目的情况下，自动投资开发城市轨道交通的国产化产品，

尤其是产品标准不一致、城市市场管理制度尚未健全的情况下，技术装备国产化确实还存在一定风险，一些企业处于等待观望状态亦属正常，但对早日实现全盘国产化将带来一定的影响。

（2）克服困难问题的对策

由于城市轨道交通技术装备国产化工作已提上日程，因此在技术设备的引进、贷款的使用、车辆及其他设备定点工厂的选择、技术标准的制定，以及对定点工厂的优惠政策等方面，应尽快建立起各项扶持政策，才能促使技术装备国产化健康发展。

轨道交通的设备门类众多，涉及机械、电器、电子、铁轨等众多目前分属各有关行业、地区、部门管理的企业，其中任何一个企业或部门都无力单独完成设备全盘国产化的任务，但这些企业又都有一定的生产工艺基础或技术优势。

因此，要建立我国新兴的轨道交通设备国产化产业，必须跨地区、跨行业、跨部门地集中有关企业的优势联合进行，必要时还需要有关设计、科研单位参加。

由于国内资金尚不充裕，而各城市轨道交通的建设又不能长期等待。因此，利用国外贷款建设城市轨道交通仍不失为一条可行之路，但对于国外贷款的建设项目，首先应考虑国产化的可能，尽量选择可以国际招标的贷款。这就有可能组织国内厂商和外国供货商联合投标制造，以达到降低价格的同时保证设备的先进性。

至于利用外国政府贷款问题，虽然利率较低，还款期也较长，但附加条件也很苛刻，易于造成"设备万国牌"的现象，与我国政府提出的国产率要求矛盾也很大。怎样扬长避短，合理利用这种贷款，还需要针对具体情况，结合国内已有生产基础，联合贷款国的有关企业，合作生产供货，也可能做到既满

足贷款国要求，也实现保持先进技术水平而降低价格。

国产化的重点在于那些技术难度较高、制造设备投资较大的项目，如 ATC 信号系统，先进的车辆等，无论是利用外资合资生产还是引进技术国内生产，都必须打破地区、部门、行业之间的界限，选择目前生产能力、技术基础、工装工艺等较为接近的企业进行嫁接生产。这样将有利于在竞争中快出成果，避免投资风险，降低价格。

最为关心设备国产化工作的，首先当然是轨道交通项目的运营管理单位，实际上这些单位从日常维修保养的需要出发，已经开始按照易损易耗件和关键零部件的急需性，进行有关的国产化工作。

因此，充分利用运营管理企业的积极性及其已引进的技术资料和现成的试运行基地条件，调动制造厂家的市场需求和研制生产基础，联合设计、科研单位的技术力量，结合各自的优势条件，共同合作，从零件到系统进行开发，不但解决了运营维修的配件供应问题，还能在此基础上形成系统，由小到大为新线建设提供产品，应该说这不失为一条多快好省之路。

3.3　国产化扶持政策的探讨

国产化实施的保障措施。

为使国产化工作顺利进行，除了制定必要的政策外，还必须有一定的保障措施，根据国家已发布的文件精神，可归纳以下几方面措施，以保障国产化的实施。

严格执行基建程序。

城市轨道交通项目是一项耗资巨大的基本建设项目，在其建设准备过程中，必需严格按照国家规定的基本建设程序办事，并应纳入产品国产化的实施要求。

规定的主要内容如下。

（1）项目建议书阶段

各地要根据本地区经济发展水平，本着量力而行、经济实用、安全可靠的原则选择设备和建设方案。项目业主单位在申请立项时要积极支持和采用国产设备，以国产设备为基础编报项目建议书，凡低于上述国产化目标的项目，国家不予立项。

（2）可行性研究阶段

可行性研究报告应包括详细的国产化实施方案，利用外资或使用国内银行外汇方案以及进口设备清单。国家批复可行性报告的文件中同时包括上述内容，并作为银行贷款、外汇管理、海关进口管理的依据。项目业主单位要对全部轨道车辆和机电设备的平均国产化率不低于 70％ 的总目标负责，在编制国产化方案时，要明确提出轨道车辆、信号和各系统的国产化方案及目标。承担系统或子系统设备国产化的企业，要对本系统国产化率目标负责。

（3）初步设计阶段

地方政府应按照国家批准的可行性研究报告，组织审查初步设计，并将审查意见（附详细进口设备清单）报送国家有关主管部门备案。

（4）项目开工阶段

所有城市轨道交通建设项目的开工报告，必须报经国家主管部门审核，上报国务院批准后，方可开工。

（5）城市轨道交通项目设备的采购原则

城市轨道交通建设所需轨道车辆（含牵引传动与控制系统，铝合金车体材料）及信号系统等设备的，由业主单位在国家选定企业内，采取招标的方式进行。

其他机电设备，如供电、通信、通风与空调、环控监控、防灾报警、自动扶梯与电梯、给水排水等系统，原则上通过市场招标采购。

国内生产企业提供给用户的设备价格，原则上不高于进口设备价格。

2. 设备国产化的扶持政策

为促进城市轨道交通设备国产化的工作，尤其在建设初期阶段，需要国家给予必要的政策扶持，才能有组织、有领导地开展工作。

为此，国家在有关文件中作出了原则性规定，即：

（1）经国家批准立项的城市轨道交通建设项目所需的外汇资金，国家将根据项目的具体情况和国外贷款条件，适当考虑安排国外优

惠贷款或优先向国内推荐安排外汇贷款。

（2）城市轨道交通项目在设备国产化率达到 70％时，不论采用何种资金进口的装备，其余 30％的设备或零部件，宜免征关税和进口环节增值税。

综上所述，我国政府对城市轨道交通的设备国产化工作是极为重视的，而且也提出了影响深远的扶持政策举措，给产品国产化事业带来了勃勃生机，引向了健康发展的道路。

但是，城市轨道交通系统是一个新兴行业，产品国产化只是其中的一个重要环节，国产化之后，还有发展行业产业化的问题，甚至是否能进一步形成国家支柱产业的问题。

因此，扶持政策还应不断补充和完善，使城市轨道交通方式永远造福于中国人民。

3. 车辆国产化的成就

美国马萨诸塞州交通局（MBTA），为波士顿的红线和橙线两条地铁线路客运车辆的配置，面向全球招标，最终，中国中车胜出，成为中国惟一登陆美国的轨道装备制造企业。

由我国中车长春轨道客车股份有限公司研制的有完全自主知识产权的"美标"地铁车，马萨诸塞州交通局已正式批准，向中国中车采购 284 辆地铁车辆的整车订单，其中红线 132 辆和橙线 152 辆。

首批波士顿橙线地铁车已在长春下线，2017 年 12 月运抵美国，成为首次登陆美国市场的国产轨道交通装备。

该车是国内首批采用不锈钢车体，运营时速为每小时102km，车辆服务年限将达 30 年（图 3-1）。

我国城市轨道交通装备国产化进程已迈出了可喜的成果。

图 3-1　国产化地铁车

第4章　城市轨道交通系统技术等级划分原则

4.1　技术等级划分目的与意义

自20世纪80年代以来，我国已有众多的城市在策划修建地铁或其他类型的轨道交通系统。在做前期工作时，都遇到了项目选型、系统规模和建设标准等决策观念的问题。

城市轨道交通系统的建设，虽然在国外都已有了成熟的经验，但在我国因为起步较晚，都还没有足够的经验，甚至大多数人在认识上都还没有形成一个完整的概念。有的城市在项目选型上，曾出现多次更改多次评估，几经反复后各方仍得不到统一意见。有的城市在确定系统规模时，由于缺乏依据，难以把握尺度。不少城市在建设标准上都唯恐"落后"，甚至提出了"高起点、高标准"的模糊要求。这种不切合实际的认识，其结果是使工程造价不断提高。并且，因为认识不全面，片面追求新时期的设备先进水平，而整个系统却并不配套兼容，造成单项先进设备发挥不了先进作用，反而达不到所要求的标准。

轨道交通项目都是百年大计工程，技术复杂，造价高昂，如果决策不当，将给国家经济带来难以估量的损失。随着我国经济的发展，打算修建轨道交通的城市还将越来越多。

因此，需要为不同类型轨道交通系统的建设需求，制订一整套健全的技术标准文件，以便各城市在提出项目建设时，能具有更为理智的决策依据。

首先，建立导向性的城市轨道交通系统技术等级划分，可供各城市在做前期工作时参照，也可作为各级建设管理部门申报或审批建设项目立项决策的依据，还可作为制定城轨行业技术政策和标准时的参考资料。

对城市轨道交通系统进行等级划分，还可使轨道交通设备形成系列化、标准化归类。这将有利于设备生产成本的降低，设备价格的下降，有利于运营管理部门容易解决备品备件供应的困难，也有利于监控引进国外设备，达到顺利实现国产化和产业化发展的目标。

4.2　城市轨道交通系统技术等级划分方案

鉴于我国城市轨道交通的类型还不宜过于繁杂，当前应以钢轮钢轨走行体系的轨道交通类型为发展重点，针对这一特征，拟定有关系统的技术等级方案，将对项目建设规模和设备生产标准起到积极的指导作用，本方案即据此原则而进行研究的。

各种类型的城市轨道交通系统都由线路，车站、车辆、通信信号、供电及其他支持设备等硬件构成，再加上运营管理软件，便形成了运输能力。系统的类型不同，运输能力也不相同，同一类型的轨道交通系统，其运输能力的大小，应与所构成的硬件和软件的技术水平有关。

因此，为合理地论述轨道交通系统的技术等级方案，应从优化组合配套硬件着手，使系统达到最佳运输能力状态，需要着重考虑的影响要素如下。

1. 线路

线路形态有地面、高架或隧道之分。隧道或高架的路用情况都为专用线路。地面线路则有部分隔离和全部隔离之别。所以线路可以按照立交、平交以及隔离的比率来划分等级。

2. 站距

站距的大小将影响列车的运行速度，站距大，运行速度高，反之则小。虽然站距的大小是根据线路设计需要而定的，但是，为了提高平均运行速度，对平均站距是有一定要求的。

3. 站台长度

站台长度是根据列车长度而定的。站台长度的大小表明了车站的规模及系统运输能力的大小。

4. 站台高度

站台高度与乘客上下车速度有关。高站台与车辆地板面齐平，乘客上下车可不经踏步进出车内外，适用于大运能系统。低站台低于车辆地板面，要经车辆踏步上下车，用于小运能系统。

5. 列车编组数

列车编组数目是根据客流大小选定的。客流大，要求列车编组数目多，因此站台长度及车站规模相应也大，该系统的技术等级也高。

6. 车辆尺寸与定员

车辆外形尺寸是一项牵涉到建筑限界、线路条件、站台尺寸、车辆自身结构以及车上机电设备规格的重要参数，既定之后是不可轻易改动的。车辆定员与车辆尺寸有关，对车辆尺寸我国建设部已有标准规定。

7. 最小列车间隔

列车间隔的大小极大地影响了轨道交通系统运能的大小。最小列车间隔是一项高技术含量的综合指标，它不仅要求通信信号在技术上能够确保行车安全，而且还综合了该系统的折返能力及其他所有硬件和软件的技术水平。在世界各国城市轨道交通系统中，最小列车间隔一般都到了 90s，近年先进的系统还到了 60s。考虑到我国目前的实际情况，要求系统的最小列车间隔为120s较为适当，如果将来新建的系统能达到90s或以下，则亦可作为系统运能的储备。

8. 平均运行速度

对交通工具来源，速度是主要的技术指标。平均运行速度对车辆来说是综合反映了车辆的动力性能。对整个交通系统来源，还反映了线路条件及运转方式。高等级的轨道交通系统要求有较高的平均运行速度。

以上所述轨道交通系统构成要素的技术指标作为特征，以客运能力大小为基本指标，可将我国城市轨道交通系统初步划分为如（表4-1）所示的技术等级，供项目建设决策参考。

城市轨道交通技术等级　　　　　　表 4-1

		Ⅰ级	Ⅱ级	Ⅲ级	Ⅳ级	Ⅴ级
系统类型		高运量地铁	大运量地铁	中运量轻轨	次中量轻轨	低运量轻轨
适用车辆类型		A 型车	B 型车	C-Ⅰ、Ⅲ型车	C-Ⅱ型车	现代有轨电车
最大客运量（单向小时人次）		4.5万～7.5万	3.0万～5.5万	1.0万～3.0万	0.8万～2.5万	0.6万～1.0万
线路	线路形态	隧道为主	隧道为主	地面或高架	地面为主	地面
	路用情况	专用	专用	专用	隔离及少量混用	混用为主
车站	平均站距（m）	800～1500	800～1200	600～1000	600～1000	600～800
	站台长度（m）	200	≤200	≤120	<100	<60
	站台高低	高	高	高	低（高）	低
车辆	车辆宽度（m）	3.0	2.8	2.6	2.6	≈2.6
	车辆定员（站6人/m²）	310	240	320	220	104～202
	最大轴重（t）	≤16	≤14	≤11	≤10	≤9
	最大时速（km/h）	80～100	80	80	70	45～60
	平均运行速度（km/h）	34～40	32～40	30～40	25～35	15～25
	轨距（mm）	1435	1435	1435	1435	1435

续表

		Ⅰ级	Ⅱ级	Ⅲ级	Ⅳ级	Ⅴ级
供电	额定电压（V）	DC1500	DC750	DC750	DC750(600)	DC750(600)
	受电方式	架空线	第三轨	架空线/第三轨	架空线	架空线
信号	列车自动保护	有	有	有	有/无	无
	列车行车方式	ATO/司机驾驶	ATO/司机驾驶	ATO/司机驾驶	司机驾驶	司机驾驶
	行车控制技术	ATC	ATC	ATP/ATS	ATP/ATS	ATS/CTC
运营	列车最多车辆编组	6～8	6～8	4～6	2～4	2
	列车最小行车间隔	120s	120s	120s	150s	300s

表 4-1 所示的各项主要参数，基本上反映了当前轨道交通技术发展的较新水平，对我国面临的城市轨道交通发展现状，将能起到巩固基础技术和发挥可持续发展行业实力的作用。

为此，推荐上表内容作为我国城市轨道交通系统技术等级评选的宏观控制参考资料，也可作为试行标准。

4.3 国外同行业技术等级参考资料

1. 德国 RHEIN 咨询公司资料

RHEIN 公司根据轻轨交通的特点，构成系统的必要条件和技术特性等要素，将轻轨交通系统分成 4 个等级，见表 4-2。

轻轨交通系统的等级划分　　　　　表 4-2

			基本特征			
			Ⅰ级	Ⅱ级	Ⅲ级	Ⅳ级
适用范围	城市分类要求	城市规模	小城市	中城市	大城市	特大城市
		服务地区人口	20 万～40 万人	40 万～80 万人	100 万人	150 万人
		交通走廊内人口密度（人/英里²）	5000	9000	14000	20000

续表

		基本特征			
		Ⅰ级	Ⅱ级	Ⅲ级	Ⅳ级
设计概要	线路	线路形式	地面	5%地下或高架	20%地下	50%地下
		路用情况	30%混用70%隔离	20%混用80%专用	100%专用	100%专用
	车站	平均站距（m）	500	600	750	1000
		站台长度（m）	40	60	90	120
		站台高低	低	低或高	高	高
	车辆	车辆司机室	单或双司机室	双司机室	双司机室	双司机室
		车厢宽（m）	≤2.4	≤2.4(2.65)	2.65	2.65
		进出门口	固定踏步	折叠式踏步	无踏步	无踏步
		6轴车载客量（站立6人/m²）	135	135（230）	230	230
	运营	列车最大编组数	2	3（2）	3	4
		最小行车间隔（s）	120	120	90	90
		单向小时最大客运量（人次）	8000	1200	2800	3700
		列车保护措施	无司机驾驶	局部有保护	大多数有保护	全线有保护
		路旁色灯控制	间或有	全线有	优先系统	纳入列车保护系统
		平均运营速度（km/h）	20	25	32	38

2. 德国西门子公司资料

西门子公司根据现代城市常用的轨道交通系统特征，按系统客运能力大小及有关参数，拟定了现代城市轨道交通的评选要素及主要技术数据，见表 4-3。

城市轨道交通技术等级划分　　　表 4-3

			有轨电车	轻轨车辆	单轨系统	低客容量地铁	高客容量地铁
系统选择范围	最大客容量（6 人/m²）	单方向每小时人次	2000～5000	5000～25000	4800～16300	15000～30000	30000～60000
线路	曲线半径	m	＞25	＞50	＞70	＞150	
	路用情况		50%共享	≈10%共享	独用	独用	独用
	线路形式		地面	多数地面	多数高架	多数高架或在隧道	多数高架或在隧道
车站	平均站间距	m	400～900	750～1500	700～1430	700～1000	1000～1590
车辆	车宽	m	2.3～2.65	2.4～2.65	2.1～3	2.3～2.9	2.75～3.2
	车长	m（车辆数）	＜60(2)	＜100(4)	＜60(4)	＜100(6)	＜180(8)
	平均轴载（6 人/m²）	t	9	10	7	12	14
运营	列车编组		＜2	＜4	＜4	＜6	6～8
	发车间隔	min	＞5	＞2.5	1.2～6	＞2	＞2
	平均运营速度	km/h	15～25	25～35	24～34	32～40	32～40
	运营方式		司机驾驶	大多数带有列车防护系统	自动化多数无人驾驶	自动化	自动化

第5章 地铁系统

5.1 地铁系统的特征及主要组成部分

1. 地铁系统的发展简史

世界上第一条地下铁道系统，于 1863 年在英国伦敦建成通车，至今已有 150 年多的历史，当时还是用蒸汽机车牵引的列车在地下隧道中运行，虽然隧道里烟雾熏人，伦敦的市民却都很乐于乘坐这种地下列车，因为在拥挤不堪的伦敦地面街道上乘坐马车或马拉公共车辆，其客运条件和旅途有效时间还不如地下列车。

第一条地下铁道系统的诞生，给人口密集的大都市，在合理应用公共交通工具方面提供了丰富而宝贵的经验，尤其是到了 1879 年电力驱动机车的研究成功，地下客运环境和服务条件得到了空前的改善，使修建地铁带来了更为强大的生命力，随后的年月里，世界上知名的大都市相继建造了一些不同规模的地下铁道。自 1863 年起至 1899 年间的 36 年时间里，就有英国的伦敦和格拉斯哥、美国的纽约和波士顿、匈牙利的布达佩斯、奥地利的维也纳以及法国的巴黎等 5 个国家的 7 个城市率先建成了地下铁道系统。

美国纽约的第一条地铁系统于 1867 年建成通车，发展至今已有 26 条地铁线路，线路总长度约 420km。

法国巴黎的第一条地铁系统于 1900 年建成通车，发展至今已有 15 条地铁线路，线路总长度约 200km。

德国柏林的第一条地铁系统于 1902 年建成通车，发展至今已有 9 条地铁线路，线路总长度约 134km。

日本东京的第一条地铁系统于 1927 年建成通车，发展至今已有 11 条地铁线路，线路总长度约 204km。

俄罗斯莫斯科的第一条地铁系统于 1932 年建成通车，发展至今已有 9 条地铁线路，线路总长度约 213km。

加拿大蒙特利尔的第一条地铁系统于 1966 年建成通车，发展至今已有 4 条地铁线路，线路总长度约 64km。

中国北京的第一条地铁系统于 1969 年建成通车，发展至今已有 22 条地铁线路，线路总长度约 608km。

中国上海的第一条地铁系统于 1995 年建成通车，发展至今已有 14 条地铁线路，线路总长度约 588.5km。

从世界地铁发展历史的概况可以看出，上百万人口的城市在不断增加，小汽车激增与城市道路有限通行能力之间的矛盾，使这些城市都面临着如何在较长的距离内，以最有效而快速的方式来输送大量乘客的问题，事实证明也只有依赖于地铁系统了。

目前，世界上已有 40 多个国家和地区的上百座城市，都在建造地铁系统，我国也有 30 多座城市已建成地铁或正在建设地铁，具有快速和大客运量能力的地铁系统，将在 21 世纪中，为完善大都市公共交通的网络建设，发挥高效的客运骨干作用。

2. 地铁系统的特征

地铁系统是一种大客运量的轨道运输系统，通常根据城市环境条件的情况，主要在大城市地下空间修筑的隧道中运行，如图 5-1 所示。

当条件允许时，也可穿出地面，在地上或高架桥上铺轨运行，如图 5-2 所示。

地铁系统的技术要求很高，由于要承担大客流量的运送任务，因此列车编组需要较多的车辆，通常要用 6 节车厢至 10 节车厢组成一列，列车长度在 200m 左右，相应就需要较长的乘客站台，列车的转弯半径应不小于 300m，最大爬坡能力应不超过

图 5-1 地铁隧道工程

图 5-2 高架地铁

3‰，这些基本技术条件的限制，将使地下铁道的建设带来很大难度，尤其是当一条地铁系统建成后，必须保证地下空间的环境控制、通风和照明供电长年不断，因此，地下铁道的建设造价都比较昂贵。

3. 地铁系统工程的主要组成部分

地铁系统工程主要由 3 大部分组成，即土建工程、车辆工程和机电设备。

（1）土建工程包括以下内容

隧道工程、桥梁工程、车站建筑、路基道床、轨道结构、车辆停放与维修养护基地、行政管理及调度业务建筑物、给水排水设施、拆迁改建工程等。

（2）车辆工程包括以下内容

车体结构、驾驶室设备、车内设施、转向架及轮对、驱动系统、变速器及变向器、车辆制动装置、导轨集电器或电缆集电弓、车厢挂钩、其他电气和气动辅助设备等。

（3）机电设备包括以下内容

变电站、输配电线缆及输电架、信号设备、通信装置、监控及数据采集设施、自动售检票系统、道岔及路口设施、防灾报警及环境控制设施、照明系统、电梯设施、维修保养机械设备、其他辅助机电设备及工具等。

上述地铁系统的主要组成部分并非独立存在的，任何单项工程的优秀成果，若无其他组成部分的有机配合，将无从发挥地铁系统的特有功能。

因此，各组成部分之间的相互关系是非常复杂和敏感的，各项组成部分之间的协调匹配和定位精度是否适当，取决于具有丰富技术经验的咨询机构和设计单位的精心设计以及生产厂商和施工单位的精心制造、施工，稍有疏忽，将导致后患无穷的恶果。

5.2　地铁系统的客运能力

地下铁道的运输能力取决于列车的最大载客量和列车的最短行车间隔时间，列车最大载客量则由车辆定员和列车编组车辆数决定，而车辆定员又因车辆几何尺寸、座席比、每平方米站立人数等舒适性参数有较大差异。

我国城市人口众多，对乘车舒适度的要求，还不能达到经济发达国家的标准。目前，我国地铁车辆的定员标准是按车厢座位数和地板空余面积上站立的乘客数之和来确定的，地铁空余面积每平方米站立 6 人为定员指标，当考虑超员情况时，超载系数按 1.4 计，则每平方米站立人数约为 9 人。如广州地铁 1 号线的车辆定员为座席 56 人，立席 310 人，合计 366 人。当超员情况时，立席为 432 人，则车辆超员载客可达 56 人＋432 人＝488 人。

因此，地铁系统的客运能力通常可按下式计算：

（车辆定员×列车编组车辆数×单位小时列车发车频率）＝地铁客运能力，用上式求出的结果，为列车每小时单方向可以运送的客运量总数。

按照我国有关法规规定，地铁线路远期客流的最大通过能力，每小时不应少于 30 对列车，这表示要求有很短的发车间隔时间，而发车间隔时间的长短，则受线路条件、信号技术和控制手段等先进技术水平所制约。

综上情况分析，我国地铁系统的客运能力，应控制在单向高峰小时 3 万～7 万人次左右为宜。

5.3　地铁系统线路形态与布局原则

世界上绝大多数的大城市，都经历了数百年甚至上千年的建设过程，城市布局和建筑风格基本上都已具有了特定的模式，随着社会的进步和经济的发展，城市交通的需求已不是原有地面空间所能满足的了，于是充分利用城市地下空间作为大客运量的客流通道，已是现代化城市普遍采用的手段，地下铁道即因此背景而产生。

所以，作为地铁线路的主要形态应该是地下隧道，而古老城市的地下障碍物大多是错综复杂、不可预见，再遇上复杂的地形地貌和地质条件，则在地下修筑隧道将会带来很大的困难和高昂的投资。

为尽量避免这些不利因素，市郊区的地铁线路形态，在环境条件允许时，可考虑采用地面线路或高架线路，当采用地面或高架线路形态时，应充分考虑保护环境的技术措施。

当线路选线时，应根据所测地形图，完成线路走向、线路路由、车站分布、辅助线分布、线路交叉形式和线路敷设措施等优化布局。

按照地铁线路在运营中的作用，可分为正线、辅助线和车场线三种：

（1）正线为：载客列车正常运行的线路（包括：区间正线、支线、车站正线及站线）；

（2）辅助线为：空载列车折返、停放、检查、转线和出入车辆段所用（包括：折返线、渡线、车场出入线和联络线等）；

（3）车场线为：车辆段场区作业的全部线路。

5.4 地铁车站类型与标准控制原则

1. 车站类型

根据地铁线路形态的布置，地铁车站的类型可分为地下车站、地面车站和高架车站 3 种。

如图 5-3 所示为地下车站；图 5-4 所示为地面车站；图 5-5 所示为高架车站。

图 5-3 地下车站

图 5-4　地面车站

图 5-5　高架车站

按照车站站台形式来划分，又可分为如下 3 类。

（1）岛式站台

站台位置处于上、下行轨道线路之间，由于站台面积使用率高，调剂客流灵活和乘客疏散方便等优点，常用于客流量较大的车站，如图 5-6 所示。

（2）侧式站台

站台位置处于上、下行轨道线路的两侧，侧式站台的面积使用率较差，调剂客流和站台间联系等均不及岛式站台，常用于客流量较小的车站或高架车站，如图 5-7 所示。

图 5-6　地铁车站岛式站台示意图

图 5-7　地铁车站侧式站台示意图

（3）岛、侧混合式站台

岛、侧混合式站台是将岛式和侧式站台同时设置在一个车站内，可同时在两侧的站台上、下车，并可适应列车中途折返的需求；岛、侧混合式站台可布置成一岛一侧式或一岛两侧式，如图 5-8 所示。

2. 车站标准控制

地铁的车站建筑应本着乘客使用安全、进出车站方便、车站环境及建筑装饰经济实用的原则进行设计，除个别具有特殊意义的车站外，一般车站都不宜大搞标志性车站或豪华装饰。

图 5-8 地铁车站岛、侧混合式站台示意图

　　地铁车站的通过能力应根据远期超高峰客流量来确定，超高峰客流量为该站高峰小时客流量乘以 1.2～1.4 的系数。

　　站台长度由远期列车编组长度加 1～2m 来决定，通常控制在 200m 以内。

　　站台宽度由高峰小时最大客流及列车运行间隔时间决定，一般不小于 3m。

　　车站设计要注重运营组织，便于疏导客流，讲究功能完善，地面车站要与环境相协调。

　　站间距离通常根据城市具体情况确定，站间距离太长，会增加步行到站时间和距离，对乘客不方便，站间距离太短，不但降低了车辆运营速度，增加配车数量，而且可能因增加车站数量而加大投资。通常在市中心区由于人口密集，站间距离可短些，而在郊区站间距离可以适当加长，市中心区站间距应不超过 1km，郊区站间距应不超过 2km。

　　车站出入口布置要与周围地形、环境密切配合，形式灵活多变，以最大限度方便乘客为原则，可考虑设在街道两旁、人行道上，也可以设在办公楼、商场、食品店等建筑物内，同时还要兼顾地下人行过街道，以加速人流疏散、减轻地面人流拥挤。为了扩大地铁的服务范围，出入口的数量应适当增加。地铁各线之间的换乘，最好在同一站台内，以减少换乘时间。

　　车站内应设置各种乘客导向标志，以便疏导乘客，减少乘客在站停留时间。

5.5 地铁车辆的应用技术

1. 一般要求

地铁车辆是运行在全封闭专用轨道上的客运交通工具，以常规的钢轮钢轨技术进行驱动，车辆应具备最大限度的运行可靠性和经济实用性，以及充分利用现代先进技术成果和减少环境影响等因素，在车辆研制开发时，应力求车辆的车型标准化和模块化设计方案，重视机组维修时的易更换性和易保养性，原则上应力求无维修化产品，并使其能适应多种环境目标，所用的材料应便于回收利用或成为废物清除。

地铁车辆通常运行在站间距较小的路网上（平均约1000m），为达到使乘客舒适的运行速度，要求具有较高的起动加速度和在临界速度时有较短的制动距离。

由于地铁车辆的运行过程主要由起动、加速和减速三个阶段组成，因此，应充分利用高粘着力和使用轻型车体来节省能源，地铁车辆还应做到能双向行驶的特点。

车辆的长度是车厢载客容量多少的敏感指标，但只有在轨道曲线半径保持在 300m 及其以上时，才能实现理想的长大车辆的运行，但车厢也不能无限加长，当车厢长度超过 24m 或更长时，将会由于长度的原因而提高造价。因此，不宜推荐制造更为长大的地铁车辆。

对于现代大容量地铁车辆的使用要求是很高的，并集中表现在车厢内部的设计要求上，这些要求都是依据系统所提供的服务条件而提出的，也就是说，为了做到对乘客具有吸引力，地铁车辆一定要考虑为乘客提供相当的舒适程度，这种舒适程度必须与某乘客搭乘地铁车辆的平均时间相一致，因为一个人在列车内仅呆 15min 或一个小时甚至更长时间，其区别是相当大的。

此外，车厢内部的外观装饰，对于乘客的吸引程度也是非常重要的，因为谁都愿意待在一个宜人的环境中，因此，车厢各部位的设计，不但要以运营者的角度考虑，而且也应从乘客需求的角度考虑，充分做到以人为本的人性化设计。

乘客对车厢内环境的要求主要有以下几方面：

座位舒适、噪声低、车内气候适宜、视听信息清晰、有安全感、宜人的色彩和良好的照明（不太亮，不太暗，亮度适宜）、外观现代感、车辆整洁，在车内乘客还须要有一定的舒适感及安全感，同时还必须考虑文化及宗教的影响。

这些问题不仅设计车辆时要考虑到，乃至于对地铁系统的总体设计同样也要考虑到，这是项目成败至关重要的因素。

2. 车辆选型与配置要求

根据建设部〔1991〕785 号文件规定，我国地铁车辆主要采用两种类型，即：甲型车：车体宽度 2800mm，车体长度 19000mm，车顶至轨面高度 3515mm。乙型车：车体宽度 3000mm，车体长度 22000mm，车顶至轨面 3800mm（设空调）。

1999 年，建设部又以建标〔1999〕81 号文发布《城市快速轨道交通工程项目建设标准》（试行本），该试行标准规定地铁车辆的车型为 A 和 B 两种，从车体宽度和主要技术规格的数据分析，可认为地铁 A 型车即为乙型车，而 B 型车即为甲型车。

为统一概念起见，今后应按 A、B 等英文字符作为地铁或轻轨车型的代码，而甲、乙之称即可废止。

由于每种车型都包括设空调和不设空调两种形式，实际上，A 型车和 B 型车共有 4 种车型。

此外，还有带司机室和不带司机室的区分，其车型还会增加，可分为有司机室和无司机室动车，有司机室和无司机室拖车，随着技术的发展还会有无人驾驶和有人驾驶的区别。

因此，线路远期设计单向运能为 7 万人次/h 以上时，宜选用 A 型车，当远期设计单向运能为 5 万人次/h 以下时，则选用

B 型车为宜。

（1）列车编组形式。

地铁列车的编组形式受车辆类型和运量大小要求所制约，而编组形式又影响到地下铁道工程的规模、车辆段的用地面积及设备容量等问题。

由于地铁工程投资巨大，为有效发挥投资的经济效益，通常将地铁工程的设计年限分为近期和远期两个阶段。

地铁工程建成后，其线路上吸引客流量的情况，是以较缓慢的规律在增长。因此，在配置车辆和有关机电设备时，就可先按近期客运量的需要进行配置，有时还因资金筹措困难，甚至可按初期客流量的要求进行车辆的配置。

所谓初期，是指地铁建成通车后的第 5 年期限，这在法定的设计年限内是不标明的。

（2）列车编组应考虑以下因素。

1）车辆数量应满足运输能力的要求；

2）同一线路使用的车辆类型应尽量采用统一规格，避免或减少不同类型做配置，以便于维修保养和降低造价；

3）在满足牵引动力要求的前提下，尽量减少动车数量。

（3）列车编组通常有以下几种形式。

1）全动车编组

全动车编组可以根据客流变化，灵活调整车辆编组辆数，而且具有整车性能不降低的优点，轴重分布均匀，全部可以采用电制动，易于控制，反应快，机械磨损小。

但这种编组形式要求每辆都有独立的牵引控制系统，轴重较大，电机总功率较大，耗电量增加，维修和保养工作量增加。

2）动拖车混合编组

动拖车混合编组可以根据具体情况，适当地增加动车和拖车，电机功率利用率较高，设备集中，维修方便，维修工作量小。但车辆种类增加，动车轴重较大，拖车轴重较小，全列车重量分配不均匀。

3）单元车组编组

所谓单元车组，是将几辆动车和拖车连挂，通过半永久式车钩固定连接成一个车组，根据客流量确定列车单元个数的多少。这种编组形式，可统一考虑设备布置，设备数量减少，设备能得到充分利用，重量分配均匀，维修工作量减少。由于列车由几个单元车组组成，可能造成满载率过高和过低的现象。

从经济而实用的情况来看，建议采用以动拖车辆混合编组的列车为佳。

3. 车体结构及材质选用

（1）车体结构要求

车体是车辆的重要部件，它要承受来自各个方向的多种作用力，因此，车体需要足够的强度和刚度及稳定性，以确保运营的安全。

车体骨架是用钢或轻合金金属制成的承载式结构，对那些不承重结构部件或承载很小的部件（如内部装修、座椅靠背、车顶、前后部分），也可以考虑使用对环境无影响的材料，对轻金属结构应尽量采用大型挤压型材，使用双层材料和其他有空隙的部位，由于会汇集冷凝水，应注意防腐。

对新型车的第一个钢结构车体，应进行如下的压力和荷载试验。

1）抗扭曲刚度的试验；

2）抗压刚度试验；

3）抗弯刚度试验。

为了验证结构设计是否符合要求，在受力最大位置允许产生最小许用应力（即：达到所使用材料的屈服点）的 85% 的应力值。

地铁车辆由于运量大、速度快、停站时间短，因此，车门的数量、宽度以及安全性是十分重要的。根据调查研究，如果采用宽度 1300～1400mm 的车门，一般每门每秒可以通过 4～6

人。由于客流量的不断增加，所以在考虑车门选型时，应在车体强度、刚度允许的情况下，尽可能地增加车门的宽度和数量，一般车辆长度 5m 左右设一对车门较为适当。

（2）车体材质要求

地铁运营存在着站距短、起制动频繁、加减速度大等特点，因此采用轻量化设计是车体设计的一项重要任务，所谓车辆轻量化，是在满足强度和刚度要求的前提下，降低车辆的自重，轻量化问题一直受到各国的关注，从 20 世纪 50 年代起，国外开始采用铝合金和不锈钢制造地铁车辆。减轻车辆自重，可以节约材料，降低车辆的轴重，减轻线路负荷，延长钢轨的使用寿命和维修周期，节省维修费用。减轻车辆自重，还可以降低列车牵引、制动功率，大量的节省能源消耗。改善隧道内的温升，减少通风设备的数量和容量。

车体材料通常有碳素钢、耐候钢、不锈钢及铝合金 4 种，在选择时，要考虑降低车体重量、耐腐蚀性和良好的加工性能，价格要便宜。

但传统上，一开始却是倾向于采用钢材来制造列车车体的。钢材料的主要优点在于。

1）在制造和修理时，容易处理；

2）无论在何处，均能以可接受的价格购得，质量也可获得保证；

3）根据不同的用途，有各种不同的型号可供选择；

4）钢材料处理的技术诀窍随处可得；

5）钢材料设计的技术诀窍也随处可得。

尽管钢以及不锈钢材料有着良好的性能，人们还是一直在寻求其替代品，因为这种材料的缺点也是明显的，如：

1）太重；

2）只可采用微分设计与制造方法，因此部件特别多；

3）制造尤其是焊接所需劳动力成本太高；

4）容易锈蚀。

作为另一种选择，多年以来铝材料也越来越广泛地被应用于车辆制造业，究其主要原因，则是出于降低车体重的要求。在开始阶段，车体是采用所谓的微分设计法来制造的，在原理上与使用钢材料的方法如出一辙，这种方式，即是采用许多片金属材料及型材来构成车壳，有鉴于重量问题，这种方法的好处不是太大，而成本却又太高，而只有在引进使用挤压型材的积分设计法后，铝合金才真正成为具有竞争力的材料。

这种方法因为可以显著减少部件数量，并由此而降低制造成本，故可以弥补由于使用铝合金而带来的较高原材料成本的缺陷。同微分方法相比，车体的焊缝数量也大为减少，最重要的是达到了降低重量的目的，与钢材相比，可以降低约 30%。

铝材料积分设计方法的优越性在于：

1) 车壳重量轻（约 30%）；

2) 焊缝数量减少；

3) 部件数量少（约减少 60%～65%）；

4) 制造时间缩短，制造工艺更简单（约少 30%～40%）；

5) 可采用自动焊接工艺。

这种制造方法还在不断改进，中空挤压型材的尺寸不断在增大，以减少型材的数量。设计方法也在继续发展，以不断降低车体重量，安装在车体底部横梁上的所谓的 C 型轨道，也使各种设备的安排更加灵活。

如今，车辆及铝材料制造商正紧密合作，以使车体的设计方法更加完善，铝材料制造商现在也提供设计服务，以改进型材的形状，使其与车辆的性能及制造过程相适应。

现代地铁车辆通常在车身表面加上涂层，除装饰及外表美观方面的效果外，这种办法也对车辆的运行及维护有益。

由于材料性能的原因，铝合金车体若不加油漆便不合适了，我们应该注意到，未加油漆的铝合金表面若受损（如刻划），则原则上是难以修复的。因此需要特别重视，在制订车体材料规格时，务必要采用油漆车体。

如果采用现代方法来制造车体，则无论是使用不锈钢还是使用铝合金来设计车体，都是适当的和可行的。然而，两种材料的比较仍在继续，将来，降低车体重量，仍是有待解决的首要问题。

4. 车辆传动技术及其发展原则

车辆传动控制方式是代表车辆技术水平的主要标志。目前，主要有变阻控制、斩波调压控制及变频变压控制 3 种方式。

(1) 变阻控制技术

用直流电动机凸轮变阻控制技术的基本原理，是通过串联在直流牵引电动机回路上的电阻值，调节改变牵引电动机的端电压。调节电阻的措施有两种，即可以利用凸轮变阻控制器，也可以利用晶闸管直流斩波变阻控制器，以达到调节车辆运行速度的目的。变阻控制的优点是技术成熟、结构简单价格低廉，国内已有多年的运用经验。

变阻控制的缺点是耗能大，列车起动时，在串接电阻上耗费大量电能，而且变阻控制不易实现再生制动，只能采用电阻制动，大量的电能因不能再生而浪费。

在地铁站距短、起制动频繁的运行情况下尤为突出，大量的电能转换为热能耗散在隧道内，不仅提高运营成本，同时会使隧道内的温度逐年上升，破坏了地铁环境，已成为地铁运营过程中难于解决的问题。

虽然用凸轮轴控制电阻的车辆，可以确保可靠的工作，并且也有数十年的运用经验，但由于大功率电子组件的迅速发展，从 20 世纪 60 年代以来，除原本采用凸轮轴控制的旧式车辆还保留着这项技术外，其他新造车辆，原则上都不再采用这种控制技术了。

因此，我国的轨道交通车辆，也应遵循这条原则。

(2) 斩波调压控制技术

用波动电流电动机斩波调压器控制技术的基本原理，是通过直流斩波器，调节直流牵引电动机的电压，实现车辆的速度调节，这种控制方式，随着大功率开关电力电子组件的出现并发展成熟起来。

近年来大功率可关断晶闸管（GTO）的出现，并已用于直流斩波器，这种装置可取消换流装置，能提高斩波频率和减少滤波电抗，电容器的体积尺寸和重量也都可以减少，目前采用 GTO 作功率开关组件的直流斩波调压车辆，在国外已普遍采用。

这种控制方式主要有以下优点：

1）可以实现无级调速，使车辆起、制动平衡；

2）由于无需起动电阻并可实现再生制动，可大大节约电能，降低运营成本；

3）采用直流斩波控制，比变阻控制可节能 20％～30％，还可实现全功率电阻制动，实现空气、再生、电阻制动的全功能控制。

直流斩波控制的缺点是仍然要使用直流牵引电机，而直流电动机的一些缺点仍然存在不利影响。

目前，我国地铁车辆若要推广采用直流斩波控制技术，将取决于我国功率电子组件的发展及车辆技术政策的导向。

（3）交流电动机的变频变压控制技术

变频变压控制技术，是随着大功率开关晶闸管及微机控制技术的发展而发展起来的，主要原理是通过变频变压装置，将直流电压换成电压与频率可变的三相交流电压，供给交流牵引电动机供电，通过调节交流电动机的端电压与频率，调节转速，从而达到调节车辆的速度。交流电机调速系统已被公认为近代最优越的一种调速系统，它的调速性能和节能效果有无可比拟的优点。

根据上述分析比较，从技术性能、维修等方面，采用变频变压控制（VVVF）方式是车辆传动技术的发展方向。目前，国外直流斩波调压车辆生产量已大大减少，代之以变频变压（VVVF）交流传动车辆。

预计变频变压（VVVF）交流电机传动控制方式将在我国城市轨道车辆得到广泛应用，但目前我国的这项生产能力还有限，从国外引进和采购合资产品的价格都较昂贵。

因此，对于依托于高新技术为基础的交流变频变压控制技术的国产化发展，初期应借助国外的先进技术力量，走技贸结合或技术合作的路子，逐步吸收和消化该项技术并适时转化为国产化产品。

5. 车辆走行系统及防噪要求

（1）车辆走行系统

车辆的转向架，即车辆走行系统，是地铁车辆的重要组成部分，包括构架、悬挂装置、轮对、轴箱及基础制动装置，可分为动力转向架和从动转向架两种形式，不论哪种形式，作为转向架要承受车辆的牵引力、制动力、垂直载荷、横向载荷等各种作用力，对车辆的运行性能起着重要的作用，因此，转向架的选型和设计，是车辆选型中的一个重要组成部分。

转向架的结构和驱动装置应做到无维修化，并尽可能减少部件的磨损，以适应在钢轨上运行时承受轮轨高振动荷载作用的冲击。

车体和转向架之间的牵引力和制动力，应借助于低关节式的连接方式进行传递。驱动装置和轮对间应装有足够的弹簧和减振组件，以尽量减少冲击。

转向架的结构设计，须采取多种技术措施，尤其是要优先考虑带水平调节装置的多层橡胶空气弹簧，并设置备用弹簧，以缓和车辆行驶在曲线的超高递减坡道上时，使车轮缓冲减载。

一辆车体的允许最大轴重差，不得超过全部有效荷载平均值的±5%。在承载状态时，转向架车轮在钢轨上的计算接触力，不允许超过平均轴重4%。当两轨不在同一平面时，车轮减载，即使在较大的超高渐变坡道上，包括所有允许运行误差在内，也不允许超过一半轴重的40%。

转向架应设计成 H 形状，这种形状保证转向架的结构具有某种灵活性，对列车的安全有利，可以有效防止出轨的危险。

地铁车辆的转向架，应具有良好的运行品质，要求车辆能够通过较小的曲线半径，应尽可能减少轮轨间的磨耗，同时也要求其具有运行平稳性能好、结构简单、维修量少、造价低等特点。

转向架是产生噪声、传递噪声的一个主要部位，因此降低转向架的噪声也是重要的问题，必须充分注意。

从中央悬挂装置来说，转向架分为有摇枕和无摇枕两种形式，无摇枕转向架车体，直接坐在转向架上，不需要上下心盘和旁承，重量大大减轻，无摇枕转向架是今后的发展方向，如图 5-9 所示。

图 5-9　无摇枕转向架

（2）防噪要求

地下铁道的噪声源比较复杂，因受车辆结构、线路状态和运用条件的影响，噪声的控制有较大难度。地下铁道的噪声源有以下几部分组成：轮轨冲击、摩擦产生的噪声，牵引电机、齿轮传动装置、空压机等产生的噪声，高架形式还有高架结构产生的噪声。

为了减少运行噪声，应尽可能利用现代技术，如：消声器、弹性车轮和车轮噪声隔离罩。

为减少轮缘磨耗及轮轨接触所产生的噪声，建议安装轮缘润滑装置或者轨头侧部润滑装置，在允许情况下，考虑使用径向可调轮对的转向架。

为使车辆各部分的结构振动，不互相产生影响，转向架应采取适当措施，例如，不谐振的振动频率或附加减振装置等。

经有关部门所做测试表明，北京地铁车辆在隧道内运行时，车内噪声平均为 90dB（A），司机室 87dB（A），制动时车外噪声可以达到 93～94dB（A），停站时由电机及辅助设备发出的噪声为 75dB（A），起动出站时为 87～88dB（A），已超过我国地下铁道车辆通用技术条件允许的噪声标准，随着降噪技术措施的不断更新，地铁噪声影响将得到理想的成效。

当前，我国地铁建设为了最大限度地降低造价，将地铁线路引出地面将是有效措施之一，这随之而带来了对城市环境影响的问题。

因此，大力改善地铁车辆的振动及噪声影响，将是今后技术改进的重要策略。

5.6 直线电机 B 型车辆（小断面地铁）

1. 直线电机车辆的特征

为改善传统地铁系统庞大的工程量和高昂的造价，具有相当载客容量而可缩减工程规模的直线电机车辆（亦可称线性电机），在 20 世纪 80 年代由加拿大研制而成，直线电机车辆主要是采用钢轮钢轨作为承重和导向系统，在大坡道和急转弯线路上列车都能达到安全和平稳的行驶，运行不受天气影响，环保和降低噪声明显，是 21 世纪城市小断面地铁或轻轨系统较理想的选择，亦是磁浮列车系统的匹配驱动装置。

通常隧道的建设成本约占地铁系统总成本的 50% 以上，减少隧道截面将是降低隧道建设成本的有效措施，由于车辆的驱动装置形状平坦，明显降低车辆台面高度和缩小车体尺寸而不减少车厢内部空间，因而车体占用的空间就大为减少，车辆重量也大大减轻，若以采用传统的圆形电动机地铁车相比，当两者车厢的有效容积相当时，直线电机车占用的隧道建筑限界范围，要比常规地铁车限界少占 25%～30%。如图 5-10 所示。

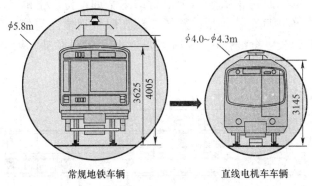

常规地铁车辆　　　　　　　直线电机车车辆

图 5-10　常规地铁车与直线电机车比较示意图

若采用高架桥梁，则直线电机车占用的桥面净宽，将比常规地铁车需占用的净宽少 20%左右。

另一个与常规地铁车不同之处的是直线电机车不需要复杂的驱动力传递机构，因此，转向架不仅具备转向功能且结构大为简化，转弯时可改变轴向，便于通过最小曲线半径，是设计最佳线路的有利条件，由于取消了传动丝杠等部件，机械摩擦也就不存在了，而且还可采用滚动导轨或磁垫悬浮导轨（无机械接触），当转向架运行时噪声将大大降低。如图 5-11 所示。

图 5-11　直线电机车转向架

2. 直线电机的基本原理

所谓直线电机,是根据传统的电动机传动原理,将电动机的转子和定子的转动半径,抽象地设计成无穷大半径,则转子和定子的弧面就相当于两个平行的水平面,将展平的"定子"安装在车辆底部,再把"转子"装在两根钢轨之间的枕木上,并沿轨道长度全线铺设,当通上电流后,即可驱动车辆沿钢轨向前运行,其轨道构造见图 5-12~图 5-15 所示。

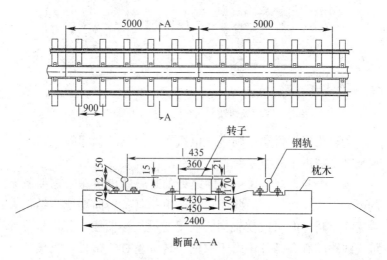

图 5-12　直线电机轨道构造

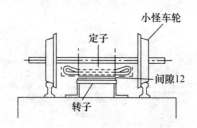

图 5-13　直线电机轮轨关系示意图

图 5-14　直线电机线路布置实例

图 5-15　广州地铁 6 号线直线电机列车运行示意图

3. 直线电机车辆的主要应用条件

　　直线电机车是用直线电机安装在车辆上作为驱动装置的新型交通工具，为全自动化的无人驾驶列车系统，通常由 8 节车编组成列，列车定员为 780 人，允许超载率为 150%，客运高峰期间，列车运行间隔为 2min，列车编组与行车密度，可根据城市客运量的需要来确定。直线电机车系统的主要应用条件为：

　　（1）走行空间条件为专用线路、全高架结构；

　　（2）直线电机车的车型为 B 型车辆，车长约 16.8m，车宽为 2.8m，定员约 215～240 人；

（3）系统高峰小时的最大客运量：2.5 万～4.0 万人次/单向小时；

（4）平均运行速度 $V \geqslant 35km/h$，行车最高速度 60～120km/h 较为适当；

（5）线路允许最小曲线半径 $R \geqslant 50m$；

（6）线路最大坡度限制 $i \leqslant 80‰$，站台长度限制约 $L \leqslant 140m$；

（7）技术支撑条件：常规机电工业技术、专用机电设备生产技术、高新技术开发与应用；

（8）适用于城市人口规模在 200 万人以上的大运量地铁系统或中运量轻轨系统。

第6章 轻轨交通系统

6.1 轻轨交通系统的特征及主要组成部分

1. 轻轨交通系统的特征

轻轨交通是以钢轮钢轨走行系统作为车辆承重和导向的客运交通运输方式。1978 年 3 月，国际公共交通联合会（UITP）在布鲁塞尔召开的一次国际轻轨交通委员会上，对轻轨交通的名称，取得了统一的认识，即称轻轨交通为"Light Rail Transit"（英文缩写 LRT），简称"轻轨"，并明确了轻轨的定义，认为轻轨交通车辆施加在轨道上的荷载重量，相对于火车和地铁车辆来说，其荷载比较轻，因而称之为"轻轨"。

通常情况下，凡能承担中等客运量、车辆自身总重量较轻、有专用轨道导向的交通系统，从广义角度来看，都可统称其为轻轨交通系统。

本章所论述的内容，是具有代表性的常规轻轨交通系统，所谓常规轻轨交通，是与地下铁道系统相类似，与大铁路系统相接近的钢轮钢轨客运方式。由于有了大铁路和地铁的基础工业实力作为后盾，发展常规的轻轨交通将更为顺利和经济。

轻轨交通系统是在有轨电车的基础上发展起来的一种中运量城市公共客运交通。由于其技术先进、运行机动灵活、无污染、对城市环境的适应性强，而且建设费用低，因此国外发展较快，不但大城市发展了轻轨交通，中、小城市也都有条件发展轻轨交通系统。

我国大、中城市很多，公共交通的需求压力很大，每天高峰小时客流量为 1 万～3 万人次的线路已很普遍，这种交通环境采用中运量的轻轨交通是非常适当的。

现代轻轨交通由于主要采取专用轨道线路方式，使其车辆的运营速度可达到 25～40km/h，还可根据运营线路每天客流量的疏密规律，采用单节车或多节车连挂成列的方式来满足客运要求。

为了适应城市环境条件的不同情况，轻轨交通不仅能通过很小半径的曲线（$R \geqslant 25m$），还能爬越较大的坡度（$i \leqslant 7\%$），在城市的特殊地段，必要时也可将轻轨线路铺设在市区道路上，与其他交通共享路面和混合运行，即所谓的"现代化有轨电车"，这些特征，可充分体现出轻轨交通的机动灵活性能。当车辆造型美观，线路布局与环境配合得当，轻轨交通将使城市注入全新的活力与现代景观，改善城市交通的新秩序，更为有效地促进国民经济的顺利发展。

轻轨交通系统作为中运量客运方式的典型，将对我国中等以上的城市和大城市，形成高、中、低客运量合理匹配的公交线网结构，带来经济实用、切实可行的现实意义（图 6-1）。

图 6-1　轻轨交通系统示意

2. 轻轨交通系统的组成

从总的方面来讲轻轨交通系统的组成，是与地铁的组成相类似的，也是由土建工程、车辆工程和机电设备3大部分组成，但由于轻轨交通自身的特点，其组成的内容与主次是不同于地铁的，主要内容如下。

（1）土建工程

路基道床、轨道结构、桥梁工程、车站建筑（更为简洁明快）、车辆停放与维修养护基地、管理及调度业务建筑物、拆迁改建工程、隧道工程（必要时考虑）。图6-2为全封闭高架轻轨系统示意图。

图6-2 全封闭高架轻轨系统示意

（2）车辆工程

车型包括4轴单节车（图6-3）、6轴单铰接车（图6-4）、8轴双铰接车（图6-5），其中还有高地板车、低地板车以及采用直线电机车的区别等。不同车型都将包含共同的组成部件，如车体结构、驾驶室设备、车内设施、转向架及轮对、驱动系统、变速器及变向器、车辆制动装置、电缆集电弓、车厢挂钩、其他电气辅助设备等。

（3）机电设备

机电设备包括：变电站、输配电线缆及输电架、常规驱动电机或直线电机、信号设备、通信装置、监控及数据采集设施、车载验票系统及自动售票机、道岔及路口设施、防灾报警设施、维修保养机电设备及其他辅助设施等。

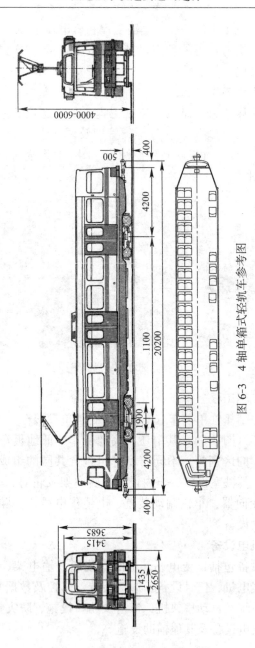

图 6-3 4 轴单箱式轻轨车参考图

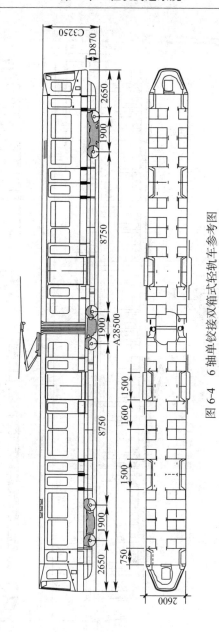

图6-4　6轴单铰接双箱式轻轨车参考图

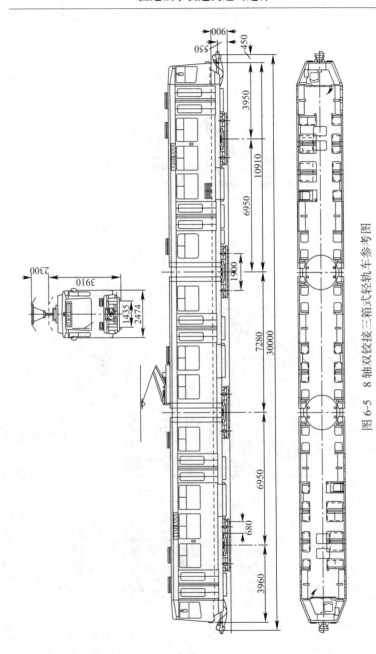

图 6-5　8 轴双铰接三箱式轻轨车参考图

6.2 轻轨交通系统的客运能力

轻轨交通系统的客运能力，应根据近期和远期设计客流量的要求来确定，通常其系统客运能力可达到 1 万～3 万人次/单向小时规模，一条既定的轻轨线路客运能力，仍然是按采用的车辆定员、车辆编组方式和列车发车频率的乘积关系来求得。

由于我国人口众多，城市居民乘车难问题尚未很好解决，对于乘车舒适度要求还不宜过高，车内站立席位的定员按 6 人/m^2 的指标为宜，超员指标则按 9 人/m^2 为宜。

列车的发车频率，通常按高峰小时 20～30 对考虑，也就是发车时间间隔为 3～2min。发车频率也可称之为单位时间内列车的通过能力，它取决于线路技术条件，信号系统的技术水平，车辆性能，停站时间，折返效率和管理水平等诸多因素。

因此，从理论上来讲，一条轻轨线路的客运能力越强，其发车间隔时间越短，其他相应的技术要求也就更高，尤其是信号控制技术，更必须做到万无一失。

轻轨交通系统主要设置在城市地面空间环境之中，受城市景观要求和环境影响的制约，轻轨车辆的连挂长度不宜过长，通常在客运高峰期间的车辆连挂长度也不应超过 100m，因此，轻轨系统的客运能力只能限制在中等运量的范围之内。

6.3 轻轨交通系统线路形态与布局原则

轻轨交通的线路走向，主要沿城市街道布局来定线，多数情况下不能随意拆迁障碍物，因而小半径曲线和大坡度现象较多，其线路形态则应以地面线或高架线路为主，在条件特别困难时，也可考虑采用地下线路，但最好将区间线路布设到地下，用浅埋隧道方式通过，并尽量避免设置地下车站。

轻轨线路原则上应设置成全封闭专用线路形态，高架线路和地下隧道将自然形成封闭式专用线路，而地面线路则应根据街道条件，区分为 3 种情况：

(1) 混合车道

多见于传统的有轨电车线路，现代轻轨交通鉴于因地制宜原因，也常采用部分混合车道，在欧洲城市常能见到。这是将轨道顶面埋设到与路面齐平，即可与其他车辆混行。

(2) 半封闭式专用车道

在轻轨车辆运行的车道上，不允许其他车辆进入，仅在道路交叉处设置道口，并采用适当的信号技术，控制交叉道口的交通，保证轻轨车辆优先通行。

(3) 全封闭专用车道

轻轨线路为全高架体系或车道两侧采用封闭隔离措施，在道路平交道口处，采用立体交叉方式通过，使轻轨车辆的运行与其他交通及行人等均无干扰，保证了车辆运行的安全、准时、快速和舒适的服务质量。

轻轨交通的线路形态，将直接影响城市的景观。布局得当，构思精巧，将会塑造出一条适应现代化城市的流动风景线，给城市居民带来精神文明的新生机。

6.4 车辆配置及车站标准控制原则

1. 车辆选型要求

根据建设部建城 ［1991］785 号文件第三条规定，轻轨车辆全国采用统一形式：车体宽度为 2600mm 的 4 轴、6 轴、8 轴车。

按照建设部建标 ［1999］81 号文件第二十七条规定，凡轻轨车均定名为 C 型车。鉴于轻轨车型种类较为复杂，而车型编码 C 仅能标志车厢宽度为 2.60m 的特征。实际上在同等宽度情况下，单元车辆的组成，可以是单厢 4 轴车、双厢单铰接 6 轴

车及三厢双铰接8轴车等，

目前，国际上轻轨车辆的发展很快，已出现了模块式组合车体的轻轨车辆。不仅如此，轻轨车辆还有高地板车和低地板车之区别，这都是影响车型类别的重要因素。

为便于更明确地识别轻轨车辆的类型，除统一用"C"符代表轻轨车型外，建议在C符的基础上，展开必要的编码，以使各类基本车型更为明显。如：

（1）C-Ⅰ型　　表示4轴单厢式轻轨车；

（2）C-Ⅱ型　　表示6轴单铰接双厢式轻轨车；

（3）C-Ⅲ型　　表示8轴双铰接三厢式轻轨车。

至于车厢地板高低尺寸不同而引起车型区别问题时，可采用（G）或（D）辅助标记来加以识别。如：

（1）C-Ⅰ（G）　　表示高地板式4轴车。

（2）C-Ⅱ（G）　　表示高地板式6轴车，如图6-6所示。

图6-6　6轴单铰接双厢式高地板轻轨车辆

（3）C-Ⅲ（D）　　表示低地板式8轴车，如图6-7所示。

轻轨交通系统一旦立项，即应根据客流量设计规模的要求，选定适当的轻轨车型，同一条轻轨线路或同一地区的轻轨网络，应尽量选用一种类型的轻轨车辆，这将对其长期的运营管理和维修保养带来无限的好处。

图 6-7　8 轴双铰接三厢式低地板轻轨车

2. 列车编组形式

　　轻轨车辆由于要适应小半径曲线和大坡度线路的通过能力，列车编组不宜过长，通常在满足中运量客流运送前提下，列车编组长度应控制在 100m 范围之内。列车编组过长将影响轻轨车辆的机动灵活特点，还将造成在城市空间建设相应长大的车站建筑物，对城市环境及景观都会带来不良影响。

　　由于轻轨车辆的基本车型大致可分为三类，在列车编组时，应以同类车型编列为宜，如在同一条运营线上，采用的是 C-Ⅰ（G）型车辆，当需要编组成列时，应仍用 C-Ⅰ（G）型车编列为宜，否则将引起运营管理的混乱和配套设施的不协调。

　　轻轨车辆基本上每辆车都有自己独立的牵引控制系统，每辆车都是自成单元的动力车，连挂成列车后，仍然可保持适应小半径曲线和大坡度线路的通过能力。

　　通常，以 6 轴单铰接轻轨车为例，其连挂车辆数，最多为 4 辆车连挂。其他车型的编组形式，原则上都是相似的，不仅要控制列车总长度，还要考虑到满足最小行车密度的信号控制技术，线路技术条件的匹配协调，其他辅助设施的配合得当等因素，才能编组出满足高峰小时需要运送的最大客流量列车方式。

3. 车站标准控制

轻轨交通系统的车站可分为地面车站、高架车站和地下车站3种形式，但以地面和高架车站居多。地面车站建筑和设施都比较简单，除交通枢纽站外，一般车站采用简明的风雨棚和必要的旅客服务设施即可。而高架车站相对较为复杂，不仅要考虑周密的安全防范措施，还要设置夜间照明和旅客服务系统，尤其是客流上下很多的重要车站，还应考虑自动步梯和升降电梯设施，以方便乘客快速进出车站。至于地下车站，一旦需要，则应按地铁车站标准修建，其造价和长期运营管理都将带来较大的经济负担。

车站的主要建筑是站台，站台长度应按设计远期列车长度加 4m 左右的富余量，但都不宜超过 100m。站台宽度则应根据该车站远期高峰小时旅客的乘降量来计算确定，但同一条线路的车站宽度尺寸也不应太零乱，应取得相对一致的宽度标准，可按车站客流吞吐量的多少，归纳为三个宽度等级标准，即：

（1）一等车站　　站台宽 4m；

（2）二等车站　　站台宽 3m；

（3）三等车站　　站台宽 2.5m。

当采用低地板轻轨车，又与其他交通共享道路时，其站台应因地制宜设置，有时也可利用路边人行道或道路分隔带设施，作为旅客乘降之用。

6.5　轻轨车辆的应用技术

1. 轻轨车辆通用技术条件

（1）一般要求

轻轨车辆是受轨道限制的近程运输载人车辆，不仅能在封闭的轨道线路上运行，还应能满足在城市其他交通条件下的运行功能。

1）轻轨车辆的动力原则上为 DC750V 电源供电，可用直流电机驱动，也可用交流电机或直线电机驱动；

2）轻轨车辆的轨道采用双股道往返运行，并按右侧行车原则运行，股道轨距采用国内统一标准 1435mm；

3）轻轨车辆均应达到双向行车要求，其车体两端都应有司机室（除特约订货者例外）；

4）轻轨车辆主要依靠顶部受电弓供电，在线路封闭措施确保安全情况下，也可考虑采用车辆侧面第三轨供电；

5）轻轨车辆应适应于市区较小站间距（平均约 500m）和市郊较大站间距（平均约 1000m 以上）的使用要求，车辆装置必须在不利条件下也能充分发挥起动和制动能力，行车最高速度达 60～100km/h 较为适当；

6）轻轨车辆应具备良好的减振和减噪技术性能；

7）轻轨车辆应在海拔高度 1200m 以下、空气温度－25～＋40℃和最大相对湿度不大于 90％的环境条件下，能正常使用；

8）轻轨车辆还应能承受一般风、沙、雨、雪的侵蚀。

（2）车型及技术规格

轻轨车辆主要技术规格见表 6-1。

轻轨车辆主要技术规格　　　　　　表 6-1

| 序 | 项目名称 | 单位名称 | 4 轴车 | 6 轴车 | 8 轴车 |
			C-Ⅰ（G）	C-Ⅱ（G）	C-Ⅲ（G）
1	车辆长度	mm	18900	21300	28800
2	车辆宽度	mm	2600	2600	2600
3	轨面至车顶高度	mm	3250	3250	3250
4	轨面至设备顶高度	mm	3700	3700	3700
5	轨面至地板面高度	mm	950	950	900/950
6	车辆定距	mm	11000	6700	6700/7500
7	固定轴距	mm	1900	1900	1900
8	车轮直径新/旧	mm	760/700	760/700	760/700

续表

序	项目名称	单位名称	4轴车 C-Ⅰ(G)	6轴车 C-Ⅱ(G)	8轴车 C-Ⅲ(G)
9	轨距	mm	1435	1435	1435
10	空车重量	T	26.5	34	45
11	满载车重	T	45	52	71
12	最大轴重	T	11.25	8.7	8.9
13	车辆载客定员	人	210	224	320
	（座席人数）	人	(62)	(68)	(96)
	（站立人数）	人	(148)	(156)	(224)
14	供电电压	V	DC750	DC750	DC750
15	最高行车速度	km/h	70	60	70
16	起动加速度	m/s²	1.2	1	0.9
17	制动减速度	m/s²	1.2	1.2	1.2
18	紧急制动减速度	m/s²	2	2	2
19	最小运行曲线半径	m	50	50	50
20	噪声控制指标-车内	dB（A）	70	70	70
	噪声控制指标-车外	dB（A）	82	82	82

6.6 轻轨车辆技术评选要点

国外轨道车辆的技术发展很快，车体均以轻量化为主，车内设施则着重满足乘客的舒适度，车辆传动技术已从直流斩波调压系统逐步往交流变频调速系统发展。尤其是轻轨车辆，在降低噪声、减少振动方面的发展也有了更为先进的技术。

由于轻轨交通系统主要在高架桥和地面上运行，对环境影响和景观协调都有很高的要求。

因此，在选用轻轨车型时，除了要考虑满足设计客运量能力外，还应考虑适应于较小的线路曲线半径和较大的线路坡度，在充分利用传统工业技术和现代高新技术基础上，要重点考虑车辆国产化的实施条件，以达到既能选用现代新技术和高质量产品，又能推动我国轻轨车辆工业发展的目的。

当评价和选用轻轨车辆时，应注意以下要点：

（1）轻轨车辆的综合条件，如车辆限界、线路尺寸条件、牵引和缓冲车钩装置、制动装置、供电系统和信息传输设备等，在设计时，应尽量考虑这种车辆不仅可在轻轨路网上使用，还可以在其他路网上使用，如与地铁接轨或与大铁路接轨等。

（2）车辆上所有磨损部件的性能，应至少保持到经过（50万 km/车）运行里程后的检修期为止，并应特别重视机组维修时的易更换性和易保养性。

（3）车体构架和护板应采用钢材或铝合金型材，经焊接形成的整体承载式结构，其外部用薄钢板或铝板包覆，至于不承重结构或负载很小的部件，也可使用其他材料制造。

（4）当订购一种新系列的轻轨车辆时，其样车的车体必需进行以下整体负载试验，即：抗扭曲刚度的试验、抗压刚度试验和抗弯刚度试验。

同时还应测试以下科目，即在该车转向架中部、前部、后部，以及车体两端将车体提升时，车体必需符合设计标准规定，达到抗弯和抗扭曲的刚度指标。

在上述应力作用情况下，特别在力的作用点上，必需保证不应产生永久变形，也不得超过规定的容许应力。

（5）车辆的转向架、驱动装置和弹簧系列，在承载条件下，应达到最佳走行状态，在车体的水平方向和垂直方向，应装配减振弹簧，为使弹簧缓冲挠度与振动状态相匹配，可采用橡胶和钢质弹簧来达到，应推荐使用带有水平调节装置的弹簧结构。

当两轨面不在同一平面时的车轮减载，即使在运营中出现最大超高递增坡度时，也不允许车轮减载超过 60%，这一要求可用空气弹簧和在停车时使用紧急备用弹簧来达到。

动力转向架使用直流牵引电机时，宜采用双轴纵向驱动装置，若使用三相交流电机时，则采用单轴驱动将更有优越性。

在轮箍踏面已磨损的情况下，转向架底部距轨面净高，沿整个线路均不允许超过 55mm。

（6）其他如车辆的隔热、隔噪声、防火性能、供暖通风、车厢照明和紧急情况处理装置等，均应根据相应的技术标准与要求，严格检测和把关。

6.7 现代轻轨车辆的发展动向

鉴于轻轨交通系统的造价相对比较低廉，使用条件限制也较为宽松和机动灵活，是现代化大中城市为改善城市交通而广为注目的焦点，更由于轻轨交通广泛应用了现代高新技术的成就，更能满足乘客的安全感和舒适感要求。轻轨交通的发展成就，主要为车厢的组成是按模块化方式拼装，单元车辆可长可短，而且车体均已考虑了轻量化和更为节能的传动技术，现简要介绍如下。

1. 低地板轻轨车辆系列

（1）主要特点

1）铝合金结构车体，采用特殊螺栓固定的铝合金结构，使结构高度整体性；

2）灵活的车辆前端设计，包括三重撞击区域在内，均预设撞击吸收装置；

3）一步即可进入车厢舒适区，便于乘客移动；

4）最多可进行 4 单元编组；

5）可在两种供电制式下运行的能力；

6）维修快捷、方便。

（2）主要技术数据

（1）长度 28m；（2）宽度：2.65m；（3）载客量 223 人（6 人/m^2）；（4）轨距 1435mm；（5）踏板高度 350mm；（6）地板高度 630mm；（7）最高时速 105km/h；（8）客流缓冲载荷 600kN；（9）曲线半径大于 18m。

2. 高地板轻轨车辆系列

(1) 主要特点

1) 灵活的前端设计，外观多样，适应未来需求；

2) 采用铝合金结构车体，维护、修理简便；

3) 零部件接口标准化，磨损最小，备件面向用户；

4) 设计灵活，可从 6 轴扩展至 8 轴，可自由选择，最多可进行 4 单元编组，并能在隧道中运行；

5) 已考虑了最佳寿命周期成本。

(2) 主要技术数据

1) 长度：27m，37m；2) 宽度：2.65m；3) 载客量：236～332 人（每平方米 6 人）；4) 轨距：1435mm；5) 地板高度：980～1000mm；6) 最高时速：105km/h；7) 客流缓冲载荷：600kN；8) 最小曲线半径大于 25m；9) 距轨面最小空间大于 80mm。

第7章 有轨电车系统

7.1 有轨电系统的特征及主要组成部分

1. 有轨电车发展简况

有轨电车的发展历史较为久远，早在19世纪下半叶就出现了以输电线供电的有轨电车，1879年德国西门子公司在柏林近郊铺设了第一条电动有轨电车线路的初型。1886年美国在蒙哥马利市建成了世界上第一条具有实用意义的有轨电车系统，随后从1890到1920年间，是有轨电车大发展的全盛时期，在第一次世界大战之前，世界上几乎每一个大城市都有了有轨电车。

有轨电车在我国也已经历了百年的历程，1908年我国第一条有轨电车在上海英租界，静安寺至外滩建成通车，如图7-1、图7-2所示。

图7-1　20世纪30年代上海外滩外白渡桥上的有轨电车

图 7-2　20 世纪 30 年代上海街头的有轨电车

　　我国的天津（1906 年）、上海（1908 年）、大连（1909 年）、北京（1921 年）、沈阳（1924 年）、哈尔滨（1927 年）、长春（1935 年）和鞍山（1955 年）8 座城市都兴建了有轨电车系统。

　　但北京（图 7-3）、天津、上海和哈尔滨的轨距为 1m 宽的窄轨，车辆长度一般为 9～12m，车宽约 2m，有两轴车和 4 轴车之分。而长春、大连、鞍山和沈阳的轨距则为 1.435m 宽的标准轨，车辆长度一般为 10～21m，车宽约 2.5m，有两轴车、4 轴车和 6 轴车之分。

图 7-3　北京早期的有轨电车

　　20 世纪 20 年代左右，上述城市主要依赖有轨电车为骨干，以人力车和马车为辅助，构成了城市公共交通的客运系统。

　　由于我国城市的有轨电车系统大部分是在新中国成立前由入侵中国的外国资本家修建起来的，经营权也控制在外国人手里。因此，有轨电车还划分为专门供外国人和有钱人乘坐的"头等车"和供城市平民乘坐的"二等、三等车（劳工车）"等不同级别，设置了人为的歧视性不平等待遇。

　　20 世纪 60 年代，世界范围的小汽车急剧增长，国际上出现一股为扩建道路而拆除有轨电车之风，我国城市也受其影响，大量拆除了有轨电车，以至还保留着传统有轨电车的城市，仅剩下了 3 座城市。即：大连（图 7-4、图 7-5）、长春和鞍山。

图 7-4　大连的有轨电车

　　这种交通工具由于其沿街布线，站距不大，旅客乘降非常方便，至今仍然深受当地民众的欢迎。

　　我国城市有轨电车最早起步的是香港，于 1904 年在香港岛修建了第一条有轨电车线路，当时中国香港已是英国的殖民地，车辆是由英国制造的双层有轨电车，时至今日香港还一直沿用双层有轨电车。

　　目前，中国香港仍保有 8 条传统有轨电车运营线路，是世界上唯一全部使用双层有轨电车的城市，也是香港特区别具特色的一条流动风景线，如图 7-6 所示。

图 7-5 街头的简单车站

图 7-6 中国香港的双层有轨电车

2. 有轨电系统的特征

(1) 传统有轨电车特征

传统有轨电车是一种低运量的城市轨道交通，主要在城市街道路面上与其他车辆混用路权运行，采用 U 形或 I 形钢轨，埋置在道路表面作为车辆承重和导向的轨道，大多数车厢是有台阶踏步的高地板车辆，车辆驾驶条件也很简陋，由于司机都是站着开车的，行车制动时司机要扳转粗重的手柄，通过拉杆传动才能将车煞住，行驶中靠脚踩铃铛来警示前方，操作劳动强度都很大，车辆运行时噪声很大、摇摇晃晃、叮叮当当，乘客舒适度很差，给民众留下了深刻印象。

车辆基本长度为 12.5m，通常以单车运行为主，也可连挂运行，但不宜超过 2 辆车连挂。传统有轨电车的设计行车速度，最高也就 30km/h，通常运行速度只有 10～15km/h。

当前，随着车型的发展趋势，也可采用 70% 低地板或 100%低地板车型来更新换代，以适应普遍存在的低运能城市客运线路的需求。

（2）现代有轨电车主要特征

现代有轨电车是采用低地板、模块式的有轨电车系统，其车辆可与城市道路混用或在半封闭线路上运行，以及专用线路上运行，可单车运行，也可 2～3 辆车连挂运行。

所谓现代有轨电车系统，是在继承了传统有轨电车和轻轨、地铁的技术基础上发展起来的，把有轨电车和轻轨、地铁的可取技术和现代新技术结合在一起，使得现代有轨电车系统的功能和适用范围更为实用和机动灵活，基础工程、车辆类型、行车控制及列车保护、运行管理等一系列技术，都融入了现代高新技术成果的应用，充分体现了安全、舒适、快捷的完美结合。

为适应中等以上城市普遍存在的中、低运能客运线路的需求，采用技术先进、优质安全和产品国产化率高的"现代有轨电车系统"将是经济而适用的理智选择。

现代有轨电车系统的特征主要是体现在车辆上，车辆类型具有从 20～40m 不同长度的一系列产品，按每平方米 4 人计算，列车车厢容量为 50～300 人，单车设计运能一般可达 0.5 万～0.8 万人次/h，若采用 2 辆车连挂运行，其单向运能可达到 1 万～1.2 万人次/h。

现代有轨电车的设计行车速度可达到 60～100km/h，在城市中心地区的运行速度一般都在 25km/h 左右，在市郊区运营时，运行速度可达 30km/h 以上。

由于现代有轨电车产品大都采取了模块化设计，不仅车辆维修养护容易，而且可以按用户要求，灵活定制车头、车尾和车体结构的尺寸，满足增减列车长度的需求，具有较强的运能伸缩性。车体外形多数设计成流线型和大窗台，车内采用了隔声材料和消声器等设施，行车噪声较低，车厢内座位也较舒适，再配置了低地板，使旅客上下车非常便捷。

7.2 有轨电车系统的主要组成部分

有轨电车系统的组成。

有轨电车系统的组成从总的方面来讲是与轻轨的组成大致相当的，也是由土建工程、车辆工程和机电设备 3 大部分组成，但其内容是按有轨电车自身的特点所组成，主要内容如下。

（1）土建工程

路基道床、轨道结构、桥梁工程、车站建筑（可利用人行道台阶或道路中央分隔带、站台可设简洁明快的风雨棚）、车辆停放与维修养护基地、管理及调度业务建筑物。

（2）车辆工程

车型包括 4 轴单节车、6 轴单铰接车、8 轴双铰接车，其中还有高地板车、低地板车的区别，当采用低地板模块式新型有轨电车时，车辆应符合《低地板有轨电车车辆通用技术条件》CJ/T 417—2012 的规定。

不同车型都将包含共同的组成部件，如：车体结构、驾驶室设备、车内设施、转向架及轮对、驱动系统、变速器及变向器、车辆制动装置、电缆集电弓、车厢挂钩、其他电气辅助设备等。

（3）机电设备

变电站、输配电线缆及输电架、信号设备、通信装置、车载验票系统及自动售票机、监控及数据采集设施、道岔及路口设施、防灾报警设施、维修保养机电设备及其他辅助设施等。

7.3　有轨电车系统的标准与客运能力

有轨电车系统的通用标准为：

车长：12.5～28m；车宽：≤2.6m；定员：110～260 人；线路半径：≥30m；线路坡度：≤60‰；运能：0.6 万～1.0 万人次/h；运行速度：15～25km/h；站台最大长度限制 L≤60m。

以上适用于街面混行的低运量有轨电车系统，当采用现代有轨电车时，其单向高峰小时的最大客运量可达 0.8 万～1.5 万人次。

7.4　有轨电车系统线路形态与布局原则

由于有轨电车（包括现代有轨电车在内）的轨道线路主要铺设和布局在城市道路路面上，车辆与其他地面交通混合运行，有特殊需要时才考虑线路专用措施，根据街道条件又可区分为 3 种情况：

（1）混合车道，如图 7-7 所示。

图 7-7　混合车道

（2）半封闭专用车道，如图 7-8 所示。在平交道口处，采用优先通行信号。

图 7-8　半封闭车道平交道口

（3）全封闭专用车道，如图 7-9 所示。在平交道口处，采用立体交叉方式通过。

图 7-9　全封闭专用车道

车站布置可考虑设在街道两旁人行道上的单侧布局或设在道路中央分隔带上的中央布局，如图 7-10 所示，具体选用应与地区规划、周围地形和环境密切配合，形式可灵活多样，站间距离通常不超过 1.0km。

图 7-10　道路中央分隔带上的站台布局

7.5　有轨电车车辆的应用技术

有轨电车车辆是受城市道路和轨道限制的近程运输载人车辆，主要沿着城市道路走向运行，为路权共享性质，受地面交通行车管理控制，当采用封闭线路时，方具有路权专用性质，行车管理方可自主控制，达到更为有效的运行功能。

车辆的动力为电驱动，供电电压以 DC 750V 为主，可用直流电机驱动，也可用交流电机驱动，其车厢两端都应有司机室，以方便折返和适应双股轨道往返运行，股道轨距采用国内统一标准 1435mm，并按右侧行车原则运行。

车辆主要依靠顶部受电弓供电，在确保线路安全措施情况下，还可采用地面第三轨供电方式，如图 7-11 所示。

车辆可适应于市区较小站间距（平均约 500m）和市郊较大站间距（平均约 1000m 以上）的使用要求，车辆装置必须在不利条件下也能充分发挥启动和制动能力，最高行车速度在 60～

图 7-11　采用第三轨供电的现代有轨电车

100km/h 较为适当。车辆应具备良好的减振和减噪技术性能，在海拔高度 1200m 以下、空气温度 −25～+40℃ 和最湿月最大相对湿度小于 90％ 的环境条件下，能正常使用，还应能承受一般风、沙、雨、雪的侵蚀。

第8章 单轨交通系统

8.1 单轨交通系统的特征及发展概况

1. 单轨交通系统的特征

单轨交通系统与传统的钢轮钢轨运输系统是完全不相同的交通工具，是一种车辆与特制轨道梁组合成一体运行的中运量轨道运输系统，轨道梁不仅是车辆的承重结构，同时是车辆运行的导向轨道，跨座式车辆的轨道梁常用预应力混凝土做成，而悬挂式车辆的轨道梁通常采用钢结构做成。

单轨交通系统的类型主要有两种，一种是车辆跨骑在单片梁上运行的方式，称之为跨座式单轨电车系统（图 8-1），另一种是车辆悬挂在单根梁上运行的方式，称之为悬挂式单轨电车系统（图 8-2）。

图 8-1　跨座式单轨电车系统示意图

单轨车辆的轮子都是采用橡胶轮胎来承重的，不仅承重要用橡胶轮胎，而且保持车辆的平衡与稳定以及车辆的导向，都要配置相应的橡胶轮胎。

图 8-2　悬挂式单轨电车系统示意图

因此，车辆的转向架结构较为复杂，如跨座式车辆的一个双轴转向架，在很小的空间内就要配置 10 个橡胶轮胎，如图 8-3 所示。

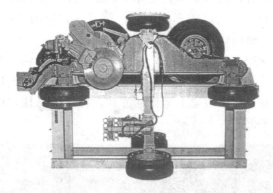

图 8-3　跨座式车辆双轴转向架

而悬挂式车辆的转向架，则更为复杂，如图 8-4 所示。

单轨交通系统是在专用的高架线路上运行的客运车辆，与其他交通方式互不干扰，可以达到安全、准点、快速和舒适的服务目标。

单轨交通系统是属于中、低客运量的交通工具，尤其是悬挂式单轨车辆，客运能力很低，在考虑当作公共交通时，应慎重分析和充分做好技术经济比较。

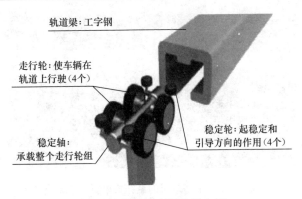

轨道梁：工字钢

走行轮：使车辆在
轨道上行驶（4个）

稳定轮：起稳定和
引导方向的作用（4个）

稳定轴：
承载整个走行轮组

图 8-4　悬挂式车辆的转向架

2. 单轨交通系统的发展概况

　　单轨交通系统的发展已有一百多年的历史，早在 1824 的英国伦敦就已出现马拉的单轨车辆，到 1898 年比利时的布鲁塞尔在博览会上展示了世界上第一台电动单轨车辆。由于受当时有轨电车和公共汽车积极发展的影响，以及单轨交通的技术还不够成熟，因而发展比较缓慢，直到 20 世纪 60 年代，时隔半个多世纪的技术停滞阶段，日本为了从多方面解决城市公共交通的问题，大力发展单轨交通技术并取得了有效的成就，修建了很多单轨交通系统，主要用于城市公共客运交通。

　　日本城市在 20 世纪建成的单轨交通公交线路已有 10 条之多，其中跨座式单轨交通有 7 条线路，悬挂式单轨交通有 3 条线路，还有 30 多条单轨交通项目，也已提上开发研究和建设日程，日本单轨交通系统的应用与发展，已走在了世界的最前列。

　　早期的单轨交通主要用于游乐目的，客运量很小。直到 1901 年，德国伍泊塔尔市为了公共交通客运目的，首先建成一条悬挂式单轨交通系统，全长约 13.3km，设车站 18 座，1972 年又进行了技术更新改造，并安全运营至今，如图 8-5 所示。

图8-5 伍泊塔尔市的悬挂式单轨交通系统

20世纪90年代，我国杭州市和重庆市先后做了跨座式单轨交通系统的可行性研究。只有重庆市的跨座式单轨交通项目获得了国家的批准，中国第一条单轨交通客运系统，重庆市轨道交通2号线一期与二期工程，线路全长31.36km，设车站25座，分别于2005年6月和2006年7月开通运营。随后，重庆市轨道交通3号线，跨座式单轨交通项目一期与二期工程也开始了建设，线路全长56.1km，设车站39座，为目前世界上最长的跨座式单轨交通线路，已分别于2011年12月和2012年12月开通运营。

开创了我国城市无单轨交通客运方式的先例，如图8-6所示。

图8-6 重庆的跨座式单轨交通

国外单轨系统的发展概况如表 8-1 所示。

单轨交通发展概况　　　　　　　表 8-1

序号	国家	地点	建设年代	系统类型	线路长度	备注
1	爱尔兰	利斯特维尔	1888	蒸汽机驱动跨座式	15.0km	客货两用
2	德国	伍泊塔尔	1901	悬挂式	13.3km	公交客运
3	日本	上野动物园	1957	悬挂式	0.33km	公交试验
4	美国	迪斯尼乐园	1959	跨座式	1.34km	游乐用
5	意大利	特里诺	1961	跨座式	1.16km	公交客运
6	日本	奈良市	1961	跨座式	0.84km	游乐用
7	日本	犬山市	1962	跨座式	1.40km	公交客运
8	美国	西雅图	1962	跨座式	1.50km	览会客运
9	日本	东京羽田线	1964	跨座式	13.10km	公交客运
10	日本	向个丘	1966	跨座式	1.09km	公交客运
11	日本	横滨	1966	跨座式	5.40km	公交客运
12	日本	大船~湘南	1970	悬挂式	6.60km	公交客运
13	美国	迪斯尼	1971	跨座式	4.40km	公交客运
14	德国	多特蒙德	1976	悬挂式	0.90km	校内客运
15	德国		1984	悬挂式	1.90km	医院客运
16	日本	北九州岛	1985	跨座式	8.40km	公交客运
17	日本	大阪	1988	跨座式	21.20km	公交客运
18	日本	千叶都市	1988	悬挂式	13.50km	公交客运
19	澳大利亚	悉尼	1988	跨座式	3.60km	客运观光
20	日本	多摩市	1998	跨座式	16.20km	公交客运
21	美国	拉斯维加斯	1995	跨座式	1.20km	公交客运
22	日本	冲绳	2003	跨座式	13.10km	公交客运

8.2　单轨交通系统的通用技术参数及客运能力

1. 通用技术标准

根据《城市公共交通分类标准》CJJ/T 114—2007 的规定,

单轨系统的通用技术标准如表 8-2 所示。

单轨系统的通用技术标准　　　　　表 8-2

分类名称及代码			主要指标及特征		
大类	中类	小类	车辆和线路条件	客运能力 N，平均运行速度 v	备注
城市轨道交通 GJ_2	单轨系统 GJ_{24}	跨座式单轨车辆 GJ_{241}	车长：15m；车宽：3m；定员：150～170 人；线路半径：≥50m；线路坡度：≤60‰	N：1 万～3 万人次/h v：30～35km/h	中运量；适用于高架
		悬挂式单轨车辆 GJ_{242}	车长：15m；车宽：2.6m；定员：80～100 人；线路半径：≥50m；线路坡度：≤60‰	N：0.8 万～1.25 万人次/h v：≥20km/h	低运量；适用于高架

2. 跨座式单轨系统的线路技术要求

（1）平曲线最小半径：正线不小于 100m；基地不小于 50m；车站不小于 300m。

（2）竖曲线半径：一般不小于 2000m（困难时 1000m）；车站两端之间应不小于 1000m；当平曲线不大于 400m 时，平曲线应不小于 3000m；当平、竖曲线长度不大于 1 辆车长，两纵坡长度代数差小于 5％时不设竖曲线。

（3）缓和曲线：正线为 $V^3/14R$～$V^3/17R$。

基地内线路、道岔附带曲线，可不设缓和曲线。

（4）最大坡度：正线不大于 60‰；车站不大于 5‰。

跨座式单轨交通使用充气橡胶轮运行在混凝土路面上，粘着力大，爬坡能力强，按技术能力讲可在更陡的坡道上运行，但从经济性考虑，设计坡度不大于 50‰为宜。

3. 跨座式单轨车辆的主要技术参数如表8-3所示。

跨座式单轨车辆的主要技术参数 表8-3

项目	内容		备注
	MC（有驾驶室）	M（无驾驶室）	
1 两车钩连接面间距离	15.5m	14.6m	
2 车体长度	14.8m	13.9m	
3 车体宽度	2.98m		
4 总高度	5.20m		
5 轨面以上车体高度	3.74m		
6 轨面至客室地板面高度	1.13m		
7 轨面至车钩高度	0.76m		
8 转向架中心间距	9.60m		
9 客室每侧上下车门	3个，宽1.3m，高1.85m		
10 制冷装置	车顶分布式		每车制冷能力不小于60kW
11 支承装置	空气弹簧		
12 走行轮轴距	1500mm		
13 导向轮轴距	2500mm		
14 走行轮	充氮气橡胶轮胎		自由径 ϕ1000mm，8个
15 导向轮	充氮橡胶轮胎		自由径 ϕ760mm，8个
16 稳定轮	充气橡胶轮胎		自由径 ϕ760mm，4个
17 辅助轮	实心轮		8个
18 控制装置	主电路采用励磁斩波控制		两辆车为一组控制
19 集电装置	两线接触式		两侧壁刚性布置
20 牵引电动机	直流复励电动机		额定功率80kW，4台/辆
21 制动装置	电制动优先、辅以空气制动		
22 基础制动装置	盘形制动器		
23 电动空气压缩机	直流串励电动机		DC1500V，出口压力0.9MPQ

注：MC表示有驾驶室的列车两端车厢，M表示无驾驶室的列车中间车厢。

4. 客运能力

单轨交通系统适用于单向高峰小时最大断面客流量为1.0 万～3.0 万人次的交通走廊。因其占地面积很少，与其他交通方式完全隔离，运行安全可靠，建设适应性较强。主要适用范围如下：

（1）城市道路高差较大，道路半径小，线路地形条件较差的地区；

（2）旧城改造已基本完成，而该地区的城市道路又比较窄；

（3）大量客流集散点的接驳线路；

（4）市郊居民区与市区之间的联络线；

（5）旅游区域内景点之间的联络线，旅游观光线路等。

线路的站间距离视城市具体情况而定，通常站间距离为0.6～1.5km。车站布置要与周围地形和环境密切配合，形式灵活多样，站台应考虑设置自动屏蔽门或安全门，高架车站应设自动扶梯和垂直升降电梯。

单轨交通系统的列车通常为 4～6 辆编组，列车编组是决定客运能力的重要因素。相应列车长度在 60～85m 之间，线路半径不小于 50m、线路坡度不大于 60‰、站台最大长度应不大于100m；最高运行速度应不小于 80km/h，平均运行速度一般为20～35km/h。供电制式为 DC750V 或 DC1500V。

8.3 跨座式单轨交通系统的主要组成

1. 组成系统的主要技术设施

跨座式单轨交通系统的组成与其他轨道交通系统的组成相类似，也是由以下几个主要部分所组成：车辆、轨道梁、桥梁结构、供电系统、通信及信号、车站建筑、车辆停放与检修基地等，经过合理的匹配与组合，即可形成预定的客运系统。

2. 桥梁结构

跨座式单轨交通系统的走行线路是采用高架桥方式，而且在任何情况下都必须用高架桥来支撑线路，不可能利用地面铺轨。

当线路布设允许按 20m 标准轨道梁跨径设置时，则轨道梁即可兼作桥梁布置，如图 8-7 所示。

当线路通过特殊地段，不能再用 20m 标准梁跨越时，则根据情况，可以用大跨径钢梁桥来承托标准轨道梁，桥梁形式可采用简支梁或连续梁桥，如图 8-8 所示，简支梁最大跨径可达到 50m，而连续梁的最大跨可达到 160m。

图 8-7 标准跨径轨道梁桥示意　　图 8-8 大跨径轨道梁桥示意

3. 供电及通信信号

（1）供电：单轨车辆的运行是以电源为动力的，其供电方式与其他轨道系统的供电方式相似。通常在轨道沿线配置适当的变电所，从当地允许使用的外接电源引入变电所，转换为直流 1500V 或直流 750V 的牵引电流，同时在轨道梁侧面安装有刚性的复线式接触导线，作为车辆受电设备。

（2）信号：至于信号技术问题，由于车辆是用橡胶充气轮胎作为走行系统，因而不能利用轨道电路来传送信息。主要方式是从车上发出信号，由地面设备接收，并反映到控制中心而显示列车的位置，车载信号则是利用在轨道梁肩部预埋的感应线圈接收信息，并在驾驶室内显示。

（3）通信：列车的业务通信联系主要采用调频无线电话。

根据需要，列车还可安装 ATC 系统和 ATO 系统等自动控制装置。

4. 车站及车辆检修基地

（1）车站

由于跨座式单轨交通车辆都是在高架轨道梁上运行，车站建筑必需与其高度相适应，通常车站建筑都用高架结构建成，站台布置可分为岛式站台和侧式站台两种。当车站位置处于城市交通枢纽中心地区，乘客进出站数量繁多的情况下，可考虑修建岛式站台，一般车站以修建侧式站台为经济，如图 8-9、图 8-10 所示。

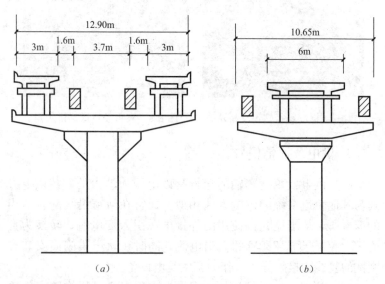

（a）　　　　　　　　　　　（b）

图 8-9　站台类型

（a）侧式站台；（b）岛式站台

图 8-10　侧式站台实景图

（2）车辆检修基地

一条新建线路必需同时进行修建车辆的检修基地，因单轨车辆有其特殊性，维修保养的技术要求与常规车辆有所不同，需要有满足单轨特点的检修手段和场地设施，至于检修作业范围及修程规定，应按已建成项目的运营经验参考选定。

① 检修基地

跨座式单轨交通系统的运营检修工作，与轻轨系统基本相同，也是一个综合性的检修基地。由于线路轨道梁桥的设备费用较高，特别是道岔设施，一组单开可绕形道岔费用，比一辆车的造价要高出 65%，一组关节型三开道岔费用也比一辆车的造价要高出 33.8%。故基地内的线路布置是根据空载列车出入基地的运营特点，设计为尽端式和单通道进路，尽可能采用五开道岔、三开道岔，以减少道岔的总量。

② 沿线检修

由于线路设备主要是跨径为 20～22m 的轨道梁，两端以支座固定于桥墩上，无法设置线路检修的人行通道，而其他设备又只能依靠两片轨道梁为附体，如供电装置设于轨道梁两侧，电力和通信电缆则安放在轨道梁下的托架上，因而沿线设备的日常维护工作就只有利用检修车来进行检修和保养了。

检修车应具有适应多任务种同时作业的功能，其驱动电源为电池。主体车厢长 5700mm，宽 2900mm，两轴式，轴距 4100mm，设走行轮 4 个，稳定轮、导向轮各 8 个于两侧，轮距均为 4200mm，车中部下端设有作业台，长 2218mm，可往下延伸 1100mm，车端两侧设有长 1000mm 的作业台，以增加工作面。

5. 车辆技术

（1）车辆构造

跨座式单轨车辆的构造较为特殊，因为其走行轨道是一片大梁，车辆必须紧抱大梁运行，还必须确保车辆的稳定与安全，故车辆构造较为复杂，如图 8-11 所示。

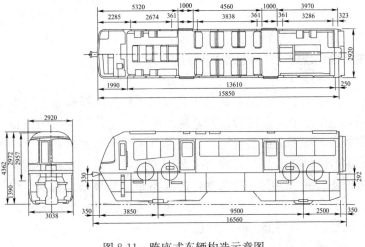

图 8-11　跨座式车辆构造示意图

简要介绍如下：

1）主要技术参数：

车体尺寸：长 15.5m，宽 2.98m，高 3.74m（轨面以上高度）。

重　　量：空车约 28t；最大载重时约 41t。

设计速度：85km/h（在平直线段、定员载客和额定电压条件下）。

最大爬坡能力：60‰。

最小曲线半径：50m（正线100m，库线50m）。

2）编组：4辆车固定编组（Mc＋M＋M＋Mc）列车长约60m；列车定员：494人（Mc：118人；M：129人）；

3）转向架（台车）：为2轴式转向架，每个转向架设走行轮4个，导向轮4个，稳定轮2个；

4）主电动机：每个转向架上安装2台80kW牵引电动机；

5）车辆传动控制：直流斩波调压控制技术。

（2）转向架

跨座式单轨车辆转向架，除具有一般转向架功能外，尚有特殊的构造和功能。

转向架为两轴式，轴距1.5m，采用钢板焊接，设有两个空气弹簧支承车体，以保证运行的稳定和舒适。每辆车设两个转向架，每台转向架设有4个走行轮、4个导向轮和两个稳定轮，橡胶轮子均为充气轮胎，轮对关系，如图8-12所示。

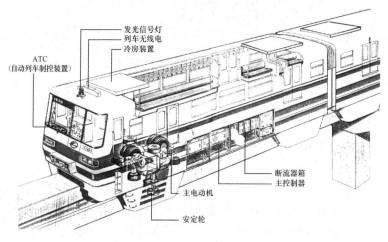

图8-12　车辆转向架轮对关系示意图

此外，还设有轮对缓冲设备、轮胎内压检测设备、高度调整设备等，这些都不同于轻轨、地铁车辆，因而车辆造价较高。

转向架不仅与车厢牢固相连，而且还要与轨道梁紧密配合，才能运行自如，其相互之间关系如图 8-13 所示。

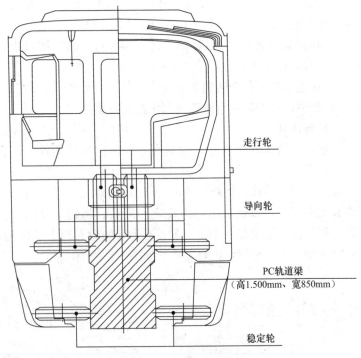

走行轮

导向轮

PC轨道梁
（高1.500mm、宽850mm）

稳定轮

图 8-13　轮轨关系示意图

6. 轨道结构

（1）轨道

跨座式单轨交通的轨道是该系统的基础设施，车辆跨座其上，通过轨道两侧供电装置受电后驱动车辆。

轨道顶面为走行面，两侧上缘为导向面，导向轮紧贴其上，下缘为稳定轮走行面，以保证列车安全运行。走行轮、导向轮、稳定轮均为充气轮胎，运行噪声较小。

轨道构件高 1.5m，与道路不能平交，同时考虑到两侧有受电装置裸露，为了安全，多为高架，故轨道实为桥梁，称之为轨道梁。

此外，控制系统中的感应导线预埋于两肩，电力、通信电缆挂在轨下的专用托架上。

标准轨道梁全长 20～22m，为预应力混凝土构件，简称 PC 梁，沿车辆运行的线路上架设，如图 8-14 所示。

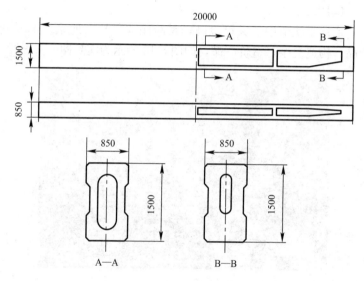

图 8-14　标准轨道梁示意图

当线路进入维修基地时，通常车辆都是低速度空车运行，车辆荷载较小，轨道梁可以不用标准 PC 梁架设，当桥梁跨径不超过 13m 时，可采用普通钢筋混凝土轨道梁，简称 RC 梁，其费用较 PC 梁为低；轨道梁还可浇灌在地面，称为地梁。

当跨度大于 22m 时，需要设计迭合梁或结合梁，也就是说由于两相邻桥墩之间跨径较大时，标准轨道梁已不能承担既承重又导向的功能，只能在大跨径承重桥梁上再铺设轨道梁，以满足车辆运行要求。

在特殊条件地段内施工时，就地设置桥墩有困难，则可设计成门式桥墩或其他异形墩台，以便保持线路走向不变而更方便于轨道梁的架设。

轨道梁的生产通常都在预制场内进行，这样可确保轨道梁的质量，若按每天生产 2 片梁计算，其生产周期约 6 天，计划存放 300 片梁，则需要占地约 3hm²。轨道梁的自重约 50～55t，因而运输及安装架设均较为方便。

（2）道岔

道岔是轨道中的关键设施，是跨座式单轨交通系统的专利产品，构造复杂，造价高昂，如图 8-15 所示为实景图。

图 8-15　跨座式单轨交通线路道岔实景图

道岔是由轨道移动台车、驱动装置、锁定装置、压缩空气装置、控制装置组成，可绕形道岔还要增加导向面、稳定面的弯曲装置。

跨座式单轨道岔的定位或反位是以移动轨道梁来完成的，一组道岔分为 2～6 段，第一段的一端为转动，另一端为移动，第二段及以后两端都移动，但距离不同，最大为 2.36m（有 2.40m 者）的倍数，单、双开为 1 倍，三开为 2 倍，五开为 4 倍。

同时，由于开通一道，另一道则处于断道状态，因而控制系统中的安全防护随之加强，这些因素都影响行车隔时间，影响运输能力，该系统的最小行车间隔时间为150s，如图8-16所示。

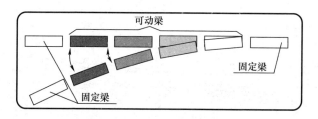

图8-16 道岔工作原理示意图

道岔分为关节型和可绕型两种形式。

1）关节型道岔由两片或多片轨道桥梁组成，反位时以折线方式连接，列车行至节点处转向，限速15km/h，用于列车不载客运行的轨道上。如图8-17所示。

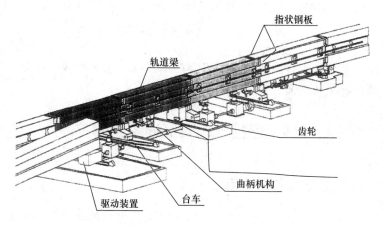

图8-17 道岔梁构造示意图

2）可绕型道岔是指"导向面"和"稳定面"可绕，随线型绕为直面或曲面，如图8-18所示，例如：单、双开道岔长20m（或22m者），由4片轨道钢梁组成，反位时，4片梁以折线相连，而导向面和稳定面呈圆弧，走行轮随导向轮在轨面上按圆弧运行。可绕道岔定反位的转换（解脱/移位含直/曲面转换、锁定）要求在 15s 内完成，限速 25km/h，用于载客列车运行的径路上。

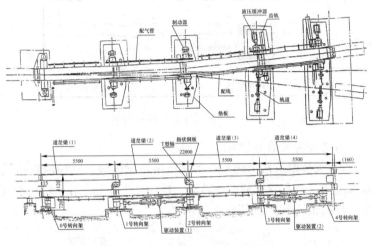

图 8-18　可绕型道岔示意图

此外，尚有由单、双开组合的单渡线，八字渡线，单交叉渡线和复式交叉渡线等方式。

8.4　悬挂式单轨交通系统概要

1. 系统的主要组成

悬挂式单轨交通系统的组成与跨座式单轨交通系统的组成相类似，也是由以下几个主要部分组成：车辆、轨道梁、道岔梁、高架结构、供电系统、通信及信号、车站建筑、车辆停放与检修基地等，经过合理的匹配与组合，即可形成预定的客运系统，如图 8-19 所示。

图 8-19 悬挂式单轨系统示意图

2. 悬挂式单轨系统的特征

悬挂式单轨车辆的转向架在轨道梁内行走，而车体悬挂在轨道梁下运行，轨道梁多为下部开口的箱型钢梁结构，内含集电靴、通信电缆，车辆的转向架包括橡胶轮胎做成的走行轮与稳定轮，均置于箱梁内部，在梁内的轨道上行驶，构造甚为复杂，维修保养也比较困难，如图 8-20 和图 8-21 所示。

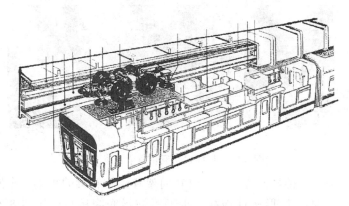

图 8-20 转向架在轨道梁内示意图

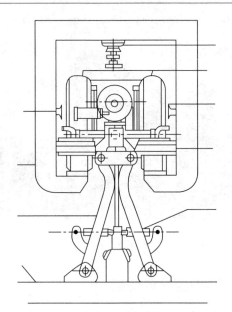

图 8-21　转向架与箱型梁组装示意图

　　悬挂式单轨系统的高架部分有轨道梁、道岔梁、墩柱和基础组成，根据线路状况可采用 T 形，如图 8-22（a）、门架形如图 8-22（b）或单柱框架形如图 8-22（c）等。

　　　　（a）　　　　　　　　（b）　　　　　　　　（c）

图 8-22　悬挂式高架轨道梁示意图

　　另有一种悬挂方式，是将转向架置于钢箱梁的顶端，车厢与转向架用 L 形构件连接，车辆紧贴梁底缘运行，如图 8-23所示。

图 8-23　转向架置于梁顶的悬挂方式示意图

悬挂式单轨系统的客运能力属中运量范畴，高峰小时单向客流量在 0.5 万～2 万人次以下，由于其占用空间较小，适于建筑物密度大的狭窄街区，能有效利用道路的中央隔离带，可作为城区通往机场、码头、铁路、公路等对外交通枢纽中心的客运接驳线或景区观光游览线等。

8.5　单轨交通系统项目评选的策略探讨

1. 适用范围

在公共交通总体网络结构中，单轨交通系统应列为次中量级的客运交通工具，可起到疏解和汇集客流的作用，同时也可作为两客源集散地之间的中运量骨干交通线，配合周边的低运量交通，形成小区域的公交网络。

根据跨座式或悬挂式单轨交通的特点，其主要适用范围，可参考如下：

（1）旧城改造已基本完成，而该地区的城市道路又比较窄，从远期要求分析，该地区的路段也不可能出现大客流量状况，采用单轨交通方式是较为适宜的；

（2）大量客流集散点的接驳线路；

（3）市郊居民区与市区之间的联络线；

（4）旅游区域内景点之间的联络线；

（5）旅游观光线路等。

2. 城市环境影响问题

单轨交通系统主要在城市空间环境运行，对环境的影响将是一个很敏感的问题，现将主要问题论述如下。

（1）大气污染问题

单轨交通系统的车辆均为电驱动车辆，没有尾气排放污染大气问题，但由于车辆使用的是橡胶轮胎，当车轮在轨道梁上滚动与制动时，由于磨擦作用而会产生微量的橡胶粉尘，使周围大气将带来微量的污染。

（2）噪声问题

单轨交通的主要噪声是来自牵引电动机和橡胶轮胎与轨面的磨擦，作为环境噪声综合影响问题，其噪声可按城市道路噪声控制指标的组成部分来考虑。根据有关单轨交通噪声实测资料表明，在轨道中心侧面 10m 处的测定值：当车速 20km 时，噪声为 70dB；车速 40km 时，噪声为 76dB；车速 60km 时，噪声为 82dB。在同等条件下，与地铁车的噪声相比，只降低了3dB。

（3）日照问题

由于城市高层建筑的增加，住宅密集化程度加大，日照已成为一个重要问题。单轨交通系统是架在一根较细的轨道梁上运行的，车辆过后，轨道梁的挡阳面积是很小的，与高架钢轨桥和公路桥相比，单轨高架梁的日照影响程度是最小的。

（4）振动问题

单轨系统传播的振动都不大，据有关实测资料表明，跨座式车辆的时速为 60km/时，测得振动值约 66dB，时速为 50km/时，振动值约 60dB。由于振动的频率和振幅都与时间因素有关，又由于传播振动能量的地基介质千差万别，特定的数值并不能说明全部情况，必需针对具体项目具体测试才能获得真实情况。通常认为，单轨交通将不会因振动而产生有影响的公害。

（5）电磁波干扰问题

通常当车辆通过时，对两侧住户的电视接收效率并不产生干扰影响。

（6）城市景观问题

城市景观，往往都随时代的不同而有所选择，尤其是现代大都市，选景大多数以简洁明快为基调，而单轨交通系统将能满足这方面的要求。

单轨交通系统对城市环境可能产生影响的问题，除上述 6 类外，还可能出现车上或车站堕落物影响，车上灯光尤其是头灯照射的影响等问题，这些问题都可以通过技术措施处理。

3. 安全问题

跨座式单轨交通的车辆在运行时是处于四周临空状态，一旦出现事故，旅客的安全与救援却是一件大事。但单轨交通在行车过程中安全问题的薄弱环节，仍然是在道岔设施上。

跨座式单轨可绕型道岔有四片梁移动，每片梁有四片可绕板变形，而且开通定位，反位则处于临空状态，所以，挤道岔事故将是列车颠覆之患，危险性更大。同时，由于行车密度较大，相应的安全措施更应加强，例如，必须装备 ATP 控制系统等。

安全疏散方面。列车因故在区间停下中止运行，乘客需要疏散，其方式是利用同向和反向相近列车，采取纵向和横向疏散乘客方式，还可利用慢降装置，直接疏散至地面。车内座席下备有安全慢降器，挂在车门顶部吊钩，乘客坐于袋内缓慢下降。

而悬挂式单轨列车除了进出车站外，运行时间大部分都是悬挂在空间的，而且离地面很高，一旦发生故障或紧急情况，车上的乘客是没有逃生之处的，因此必须周密安排救援措施和应急机制。

悬挂式单轨列车的转辙运行较为复杂，当换轨时，两轨之间必须有短暂时间的空移过程，列车不能与转换轨道立即相接，具有出轨的风险，解决安全风险措施成本也较高。

4. 发展方向策略评述

单轨交通系统虽然是一种技术先进的现代化交通工具，但在我国城市公共交通领域中是处于次中运量级客运能力的范围。由于其造价与客运量的不相称比重，对我国城市现状条件来说，其经济付出难以满足相应的客运能力需求。

我国城市人口众多，经济实力还不够富裕，对采用一种造价很高而客运能力又不很强的交通工具，是必需慎重研究和多方比较的。

对某些技术难点，要考虑到今后是否能保证正常运营的支持，如车辆的转向架结构和轮胎国产化的可能性，以及长期正常供应渠道、轨道梁的生产技术尤其是道岔梁传动装置的生产技术等，都具有一定的技术难度，有的还含有国外专利的保护，加上产品批量很少，要进行大规模国产化开发和研制，目前还存在一定难度。若重要设备都依靠从国外进口，这将受制于国外厂商，对系统的长期安全运营将带来不安定因素。

单轨交通系统能在我国城市交通领域中占有一席之地，首先要解决的是应设法大大降低其总体工程造价，使系统的建设投资与客运能力之间有一个较为合理的匹配关系，以满足我国城市的交通需求和经济承受能力。为此，应加强基础技术力量的开发，逐步发展及扶持这种新型的公共交通方式，以适应我国城市未来交通发展的需要。

因此，单轨交通在我国城市的应用前景，目前还难以预测，只有待既有项目不断积累经验，以及逐步形成配套技术国产化能力后，才能使单轨交通系统的应用前景明朗化。

建议发展策略供参考：

（1）在先期建成的单轨交通系统的基础上，不断进行系统组成与匹配技术、施工及管理技术的开发研究，以取得建设技术和运营管理经验；

（2）对单轨交通项目的建设，在初期阶段，国家宜给予必要的优惠政策，如：技贸结合政策、引进设备的关税减免政策、投资补助政策等；

（3）对于单轨交通的发展倾向问题，国家宜保持既不推行，也不禁止的策略，听随其按市场经济原则，自由发展一个阶段，然后再组织典型项目，总结经验教训，提出切合中国国情的发展方向。

图 8-24 为重庆的跨坐式单轨交通运行景观图。

图 8-24　重庆的跨坐式单轨交通运行景观图

第9章 磁浮系统

9.1 磁浮系统概要

1. 磁浮系统的基本概念

磁浮系统是一种现代高科技轨道交通工具，在常温条件下，通过电导磁力悬浮技术使列车上浮，实现列车与轨道之间无接触的悬浮和导向，并采用直线电机产生的电磁力，牵引驱动列车行驶，如图9-1所示。

图9-1 磁浮列车系统形象图

因此，车厢不需要有车轮、车轴、齿轮传动机构和架空输电线网等装备，列车完全在悬浮状态下运行，主要在高架桥上运行，特殊地段也可在地面或地下隧道中运行，现行标准轨距为2800mm。

磁浮列车适用于城市人口超过200万人的特大城市，是重大客流集散区域或相邻城市群两城之间较理想的直达客运交通，

144

也是中运量轨道运输系统的一种先进客运方式，对单向客运能
力为1.5万~3.0万人次/h的中、远程交通走廊，较为适用。

由于磁悬浮列车运行时始终悬浮在空中，不需要接触地面，
故只承受迎面和侧向的空气阻力，因此，列车的最高速度每小
时可达500km以上。由于磁悬浮列车采用电力驱动，不会排放
有害气体，是环保型的交通工具之一。磁悬浮列车系统的造价
相对于地铁系统比较低，运行和维修成本也较低，而且运行时
间越长，效益也会更明显。

2. 磁浮系统的主要特征

（1）列车的支承、导向和驱动，均在无接触、无磨擦和无
磨损的条件下运行；

（2）采用直线电机为驱动系统；

（3）在任何行车速度情况下噪声都很小，且能保证列车的
安全和乘坐舒适度；

（4）具有高度灵敏的起动加速度和制动能力；

（5）能具有通过小半径曲线和爬升大坡度的能力，使轨道
线路选线更为机动灵活；

（6）能量消耗较少，因而运营成本也较低；

（7）轨道线路占地面积相对较少。

3. 存在问题

虽然磁浮列车系统具有不少优越性，但还是存在一定的问
题，如：

（1）由于磁悬浮系统是凭借电磁力来进行悬浮、导向和驱
动的，一旦断电，磁悬浮列车将发生严重的安全事故，当运行
过程中突然断电，磁悬浮列车的安全保障措施，还没有取得完
善解决方法。

（2）电子产品的强磁场对人的健康和生态环境的平衡所产
生的影响，尚需进一步研究解决。

（3）磁悬浮列车在突发情况下的制动能力尚不可靠，因为列车要从动量很大状态下，突然要降到静止，是要克服很大惯性的，而磁悬浮列车没有轮子，不能依靠轮轨的摩擦力来制动，紧急停车将存在很大风险。

（4）此外，磁悬浮列车主要都在高架上运行，发生事故时在高处救援也很困难，如图 9-2 所示为磁悬浮列车遭遇火灾时的救援现场，因车厢没有轮子，拖出事故现场比较麻烦；若区间停电，其他救援车辆、吊机也很难靠近。

由于磁浮系统在我国尚处于新兴技术发展阶段，在城市公共交通领域的应用经验还有待不断总结，选用这项技术方案时，应做好充分的技术经济比较。

图 9-2 救援现场

4. 主要组成部分

磁浮系统工程也是由 3 大部分组成，即土建工程、车辆工程和机电设备。

1）土建工程包括以下内容

高架或地面轨道结构（可采用钢筋混凝土或钢结构制造）、车站建筑、车辆停放与维修养护基地、行政管理及调度业务建筑物、给水排水设施等。

2）车辆工程包括以下内容

车体结构、驾驶室设备、车内设施、车体支撑导向系统、驱动系统、其他电气辅助设备等。

3）机电设备包括以下内容

供变电系统、信号设备、通信装置、监控及数据采集设施、自动售检票系统、道岔设施、防灾报警及环境控制设施、照明系统、电梯设施、维修保养机械设备、其他辅助机电设备及工具等。

以上常规的组成项目与其他轨道交通项目相类似，不再罗列。

磁浮系统与其他轨道交通项目组成的不同之处，主要是以下独特技术的组合，即磁浮列车是由悬浮系统、驱动系统和导向系统3大部分组成。

目前，这3部分的功能设计绝大多数按磁力作用来完成。

（1）悬浮系统

目前，磁悬浮列车的悬浮方式，可以分为两种制式，即是常导型电磁悬浮系统（EMS）和超导型电力悬浮系统（EDS）。

1）常导型电磁悬浮系统（EMS）

为吸力悬浮系统，是利用安装在列车上的电磁铁和导轨上的铁磁轨道，通电后所产生的相互排斥力而悬浮。

常导型磁悬浮列车工作时，首先调整车辆下部的支撑和导向电磁铁的电磁排斥力，将列车浮起。在车辆下部的导向电磁铁与轨道磁铁的反作用下，实现车辆在水平方向和垂直方向的无接触支撑和无接触导向，如图9-3所示，车辆与行车轨道之间

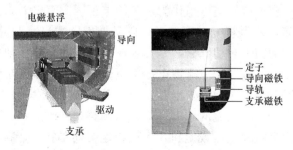

图9-3 磁悬浮构造示意图

的悬浮间隙为 10mm，应通过一套高精度电子调整系统加以保证。由于悬浮和导向实际上与列车运行速度无关，所以即使在停车状态下列车仍然可以进入悬浮状态。

2）超导型电力悬浮系统（EDS）

超导磁悬浮列车的最主要特征，就是其超导组件在相当低的温度下所具有的完全导电性和完全抗磁性。超导磁铁是由超导材料制成的超导线圈构成，它不仅电流阻力为零，而且可以传导普通导线无法比拟的强大电流，这种特性使其能够制成体积小功率强大的电磁铁。

由于车辆和导轨的缝隙减少时，电磁斥力会增大，从而产生的电磁斥力将提供稳定的支撑和导向，但当车辆速度低于 40km/h 时，将无法保证车辆悬浮。

超导磁悬浮列车的车辆上装有车载超导磁体，并构成感应动力集成设备，而列车的驱动绕组和悬浮导向绕组，均安装在导轨两侧。车辆上的感应动力集成设备则由动力集成绕组、感应动力集成超导磁铁和悬浮导向超导磁铁 3 部分组成。

当向轨道两侧的驱动绕组提供与车辆速度频率相一致的三相交流电时，就会产生一个移动的电磁场，因而在列车导轨上产生磁波，这时列车上的车载超导磁体即会受到一个与移动磁场同步的推力，这种推力即可将列车推动前进。

（2）驱动系统

磁浮列车的驱动，是运用同步直线电机来实现的，从电机的工作原理可以知道，当作为定子的电枢线圈有电时，由于电磁感应而推动电机的转子转动，既是推进装置也是制动装置，磁浮列车的初级驱动部分，是安装在轨道里的三相移动磁场绕组的定子，通过三相电流馈电产生电磁移动磁场，列车即可通过自身励磁产生作用的支承磁铁被移动磁场向前牵引。其速度可通过改变三相电流的频率进行无级调整。当改变移动磁场方向时，电动机即变成发电机，无接触地将列车刹住，刹车能量还可反馈到电网里进行回收。由于轨道上长定子直线电机是分段铺装的，列车通过所在区段时，方可被供电，配电分站之间的距离及其装机功率，视不同驱动要求而定，如上坡、加速或制动阶段，需要巨大的功率，而处于匀速行驶的平缓路段功率就较小。

磁浮列车不需要架空线网，当电源中断时，即由车上的蓄电池供电，而蓄电池则在列车运行时，利用直线电机再生电源进行充电。

（3）导向系统

导向系统是利用测向力来引导悬浮列车沿着导轨的方向安全运行的技术措施，其推力作用与悬浮力相类似，也可以分为引力和斥力。在列车底板上的同一块电磁铁，可以同时为导向系统和悬浮系统提供动力，也可以采用独立的导向系统电磁铁。

9.2　磁浮系统的基本类型与客运能力

1. 基本类型

磁浮系统的基本类型主要有两种，即高速磁悬浮列车和中、低速磁悬浮列车。

（1）高速磁悬浮列车

主要技术参数为：车辆长度：首尾车 27.0m，中间车24.8m；车辆宽度 3700mm；车辆高度 4200mm。车辆的定员标准，一般按座位数来确定：首尾车小于 120 人，中车约 144 人，不考虑站立定员。

线路最小半径不小于 350m；线路坡度不大于 100‰；最高行车速度可达 500km/h。

高速磁浮系统由于行车速度很高，其站间距离通常应不小于 30km，或城市之间远程距离的客运交通线路较为适宜。

高速磁浮系统的列车编组，通常由 5～10 辆组成，列车长度在 130～260m 左右，要求车站有较长的站台相匹配。

（2）中、低速磁悬浮列车

主要技术参数为：车辆长度为 12～15m；车辆基本宽度为 2600mm；车辆高度约 3200mm。列车载客定员：4 辆编组约为 320～480 人，6 辆编组约为 480～720 人。线路半径不小于 50m；线路坡度不大于 70‰；最高行车速度可达 100km/h。

中、低速磁悬浮系统由于行车速度相对较低，对于城市区域内站间距大于 1km 的中、短程客运交通线路较为适宜。

中、低速磁悬浮系统的列车编组，通常由 4～10 辆组成，列车长度在 60～150m 左右，要求车站有较长的站台相匹配。

2. 客运能力

（1）高速磁悬浮列车

高速磁悬浮系统的列车编组，通常由 5～10 辆组成，列车长度在 130～260m 左右，客运能力为 1.0 万～2.5 万人次/h。由于行车速度很高，最高运行速度为 500km/h，对于站间距离为不小于 30km 的市郊区或城市之间远程线路客运交通走廊较为适宜。

（2）中低速磁悬浮列车

中低速磁悬浮系统的列车编组，通常由 4～10 辆组成，列车长度在 60～150m 左右，客运能力为 1.5 万～3.0 万人次/h。由于行车速度相对较低，最高运行速度为 100km/h，对于城市区域内站间距大于 1km 的中、短程客运交通走廊较为适宜。

9.3　磁浮系统线路与轨道布局原则

磁浮系统的线路布局，不宜效仿轻轨线路那样沿城市街道走向来布局定线，鉴于其自身的特点，线路可布置在市郊非建筑群密集的地带，也可布置在市域边界客流集散地至另一城市边缘的客流集散地之间，应以中短程公共客运交通模式为宗旨，若设计的是远程客运交通线路，则其线路布局应另行谋划。

　　磁浮系统轨道线路形态，应以地面线或高架线路为主，在条件特别困难时，也可考虑采用地下线路，但最好将区间线路布设到地下，用浅埋隧道方式通过，并尽量避免设置地下车站。

　　磁浮系统线路应设置成全封闭专用线路形态，高架线路见图 9-4。将自然形成封闭式专用线路，而地面线路见图 9-5，则应根据周边环境条件在线路两侧设置隔离栅墙加以封闭。

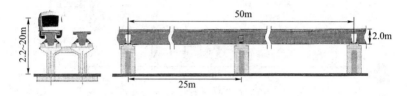

图 9-4　高架轨道线路示意图

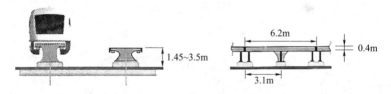

图 9-5　地面轨道线路示意图

　　线路横断面双线轨道中心线间距，视设计行车最高时速多少而定，可为 4.4m（300km/h）或 5.1m（500km/h），建筑接近限界分别为 10.1m 或 11.4m，单股轨距为 2.8m。

　　道岔是磁浮列车转换车道的关键设备，通常用可绕性钢结构承重梁组成，承重梁转辙时由电机装置系统进行驱动，到达终端位置后，电子控制技术将自动将轨道锁定，保证列车安全通过。

　　道岔可分为两开式或三开式两种基本类型，如图 9-6 所示，可在地面上铺设或设置成高架状态，当列车在直线状道岔上通行时，车速可以不限，在曲线状道岔上通行时，应按规定限制车速。

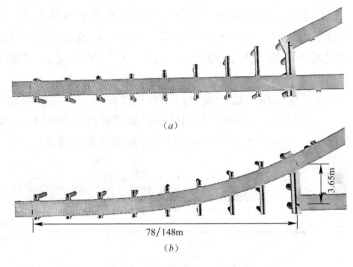

(a)

(b)

图 9-6 道岔构造示意图

（*a*）直径位置；（*b*）弯曲位置

9.4 磁浮系统的发展概况

1. 国外简况

早在 1922 年德国工程师赫尔曼·肯佩尔就提出了电磁浮原理，并于 1934 年申请了磁悬浮列车的专利。进入 20 世纪 70 年代以后，随着世界工业化国家经济实力的不断加强，为提高交通运输能力以适应其经济发展的需要，德国、日本、美国、加拿大、法国、英国等发达国家，相继开始磁浮系统的开发研究，但美国和苏联则分别在 20 世纪 80 年代后就放弃了这项研究计划，目前德国和日本仍在继续进行磁浮系统的研究，并均取得了可喜的进展。

（1）日本于 1962 年开始研究常导磁浮列车，由于超导技术的迅速发展，从 20 世纪 70 年代初开始又转向研究超导磁浮列车。1977 年 12 月在宫崎磁浮轨道试验线路上，列车最高速度已可达到 204km/h，到 1979 年 12 月又进一步提高到 517km/h。1982 年 11 月，磁浮列车的载人试验获得成功。1995 年载人磁浮列车试验的最高时速达到了 411km/h。1990 年日本为了东京至大阪间修建磁浮列车系统的可行性研究，又于 1996 年修建完成了首期 18.4km 长的山梨磁悬浮系统试验线路。

（2）1968 年德国对磁浮列车系统开始深入研究，并同时开展常导和超导的研究，时至 1977 年，先后分别研制出常导电磁铁吸引式悬浮和超导电磁铁相斥式悬浮试验车辆，试验时的最高时速达到 400km/h。研究成果经过分析比较，认为超导磁浮技术过于复杂，短期内难以取得较大进展，因而确定以后将集中力量重点发展常导磁浮技术。并于 1980 年在埃姆斯兰德开工兴建修建了全长 31.5km 的试验线路，1982 年开始进行不载人试验，列车的最高试验速度达到了 300km/h，到 1984 年列车最高时速又增至 400km/h，德国的常导磁浮技术，目前已相当成熟。

（3）英国对磁浮列车系统的研究起步较晚，从 1973 年才开始。但是，英国则是最早将磁浮列车系统投入商业运营的国家之一。1984 年 4 月，伯明翰机场至英特纳雄纳尔车站之间一条磁浮列车系统正式通车营业，到了 1995 年，这条运行了 11 年之久的世界上唯一从事商业运营的磁浮列车系统被宣布停止营业。

2. 我国简况

我国磁浮列车技术的研究起步较晚，从 20 世纪 80 年代起，围绕磁浮列车的关键技术开展科技攻关，相继掌握了悬浮导向、驱动控制、转向架等一系列核心技术问题，并实现了关键装备的国产化途径，形成了中、低速磁浮技术的工程化能力，为发展我国中、低速磁浮交通系统做出了重大贡献。

1989 年国防科技大学研制成了中国第一台小型磁悬浮原理

样车，并于 1995 年 5 月，在本校实验室正式悬浮通车成功，我国第一台磁浮车就此诞生，国防科技大学为我国磁悬浮技术的发展作出了重要贡献。

（1）2014 年 5 月，长沙市根据国防科技大学的磁悬浮技术原理，开始修建一条以城市公共客运交通为目标的中、低速磁浮列车系统，以连接长沙火车南站和黄花国际机场的客流通道，线路全程为高架轨道，全长 18.55km，初期设车站 3 座，预留车站 2 座，行车设计最高速度为 100km/h。全线共有 5 列磁浮列车投入运营，每列车由 3 节编组而成，每列车最大载客量为 363 人。于 2016 年 5 月正式通车运营，为我国首条拥有完全自主知识产权的中、低速磁浮列车系统。

（2）北京磁悬浮示范线，又称 S1 线，是北京首条中、低速磁悬浮线路，建设位置从石景山西到门头沟石门营止，线路总长约 20km，S1 线分东西两段建设，2014 年 6 月，先行修建西段一期工程，即石厂站至苹果园路段，运营线路全长为 10.236km（其中高架段 9.953km，隧道段 0.283km），设车站 8 座（初期通车站 7 座），磁浮列车按 6 辆车编组，车长 89.6m，设计最高行车速度为 100km/h，每列列车满载定员 1302 人，运营初期高峰小时列车对数为 12 对，最小行车间隔时间 5min，实际运营最高速度 80km/h，日客运量可达 16 万人次，全年客运量约 5685 万人次。

S1 线于 2011 年开工建设，历经 7 年多时间，于 2017 年 12 月底正式完工开通运营。

S1 线首批使用的 10 列中低速磁浮列车，全部由中车唐山公司研制生产，是拥有完全自主知识产权的中低速磁浮列车，列车不仅能抵制风沙、雨雪天气的侵蚀，而且适应于小半径弯道和大坡度线路的运行能力，是迄今为止全球运量最大的中低速磁浮客运交通线。

（3）上海的高速磁悬浮系统是采用的德国技术，由中德两国合作开发的当时世界上唯一的一条商业运营磁悬浮线路。

2001 年 3 月开工建设，2002 年 12 月全线试运行，到 2003 年 1 月正式开始商业运营，线路西起上海轨道交通 2 号线的龙阳路站，东至浦东国际机场，

线路总长 31.71 双线公里，共设车站 2 座，列车按 5 辆车编组，最高行车速度可达 430km/h，全程运行只需 8min。

工程总投资约 94.61 亿元，按双线 31.71km 计算，每公里造价约 2.98 亿元。

（4）早在 1994 年，西南交大就研制成功了中国第一辆可载人常导低速磁浮列车，但是在完全理想的实验室条件下运行成功的。2000 年，西南交通大学超导技术研究所研制成功载人高温超导磁悬浮实验车。但因受经费限制，在往后的 10 年时间里，高温超导磁悬浮研究，几乎没有较大的进展。2003 年，西南交大在四川成都青城山的中低速磁悬浮试验线路修建完工，轨道长 420m，主要为旅游观光之用，2008 年 1 月青城山试验线遭到损坏。

除以上已有的磁浮项目外，还有一些城市也在策划修建磁浮列车系统，是该鼓励还是控制？应是上层决策部门慎重对待的问题。

磁悬浮列车虽然具有一定的优越性，但到目前为止，尽管日本和德国已经历了几十年的研究和取得了卓越的成就，但他们至今仍停留在实验路线的水平上，而当前世界上只有上海浦东磁悬浮系统真正投入了商业运营，接下来长沙磁浮列车系统和北京 S1 线也都投入商业运营，相比之下是否还有什么问题，应三思而后行。

第10章 信号系统

10.1 信号技术的特征及功能

信号系统是行车指挥系统的核心技术，是保证行车安全、提高运输效率和实现短间隔、高密度行车不可缺少的安全设备。

信号系统应具有行车指挥与列车运行监视、控制和安全防护功能，具有降级运用的能力。

涉及行车安全的系统、设备，应符合"故障—安全"原则。

采用计算机和数字编码传输以及自动与远动技术，根据故障/安全原则，构成适合于城市轨道交通的先进信号系统。

伴随着科学技术的进步，尤其是微电子技术、信息传输技术、计算机网络技术的飞速发展，使得轨道交通系统的自动控制和管理自动化技术也得到了长足进步。而城市轨道交通系统的控制技术的发展更为显著。纵观世界各国轨道交通系统技术发展的成果，其重点依然是列车自动控制和轨道线路综合自动化系统有关的各个方面。

列车自动控制系统（简称ATC，Automatic Train Control）通常包括3个子系统，即列车自动监控子系统（简称ATS，Automatic Train Supervision），其主要作用是监督列车运行状态，实现列车运行管理自动化；列车自动防护子系统（简称ATP，Automatic Train Protection），其主要目的是实现列车的间隔控制和超速防护，保证行车安全；列车自动运行系统（简称ATO，Automatic Train Operation），主要完成站间自动运行和进站定位置停车，并能接收控制中心的运行调整指令，实现列车运行自动调整。可进一步适应列车的高速、高密度运行。

此外，还在 ATO 的基础上发展了无人驾驶系统。ATP、ATO、ATS 3 个子系统通过信息交换网络构成闭环系统，以充分发挥保证行车安全，提高运行效率，缩短行车间隔时间，促进轨道交通管理现代化的作用。

信号系统具有保证行车安全，提高运输能力，实现快速、及时、准点，促进行车调度指挥和运输管理现代化、提高服务质量的显著作用。在城市轨道交通线路建成、运行趋于饱和后，通过信号系统的改造，可以满足适当提高列车客运量的能力，并可作为是否需要新建或缓建其他交通线路的决策根据。

城市轨道交通是快速大运量输送乘客的交通工具，乘客安全应置于首位。信号系统的最基本任务是保证行车安全，即使是因司机丧失正常工作能力，在行车中发生危及行车安全事件时，亦能控制列车停车，信号系统的安全保证作用在行车密度高时尤为重要。

由此可见，现代轨道交通的信号设备，已经成为最重要的基础设施之一，信号技术水平，已成为当前轨道交通现代化的重要标志。

10.2　信号技术的发展概况

1. 国外情况

伴随科学技术的发展，尤其是微电子技术、信息传输和计算机网络技术的飞跃发展，使轨道交通系统的列车控制自动化技术得到了长足进步。由于城市轨道交通系统具有行车密度大、完全客运、线路短并基本封闭、运营作业相对简单的特点，列车自动控制技术的发展则更为显著，已成为世界各国城市轨道交通自动化技术发展的重点。

ATC 系统经历了 30 年的发展，技术渐趋成熟。为使列车自动控制技术趋于经济合理，发达国家纷纷开发了新一代的 ATC

系统，以进一步提高其适应性和可用性。

其中 ATP 系统是目前更新换代最活跃的项目，轨道电路已由有绝缘式发展为无绝缘式，由模拟式变为数字化，大大提高了轨道电路的抗干扰性能，数字化后信息的传送采用报文格式，大大增加了车-地传递的信息量，使列车制动模式曲线由阶梯式发展为一段式，并可取消防护区段、提高了行车密度，为 ATP 系统的发展，创造了良好条件。

连锁设备是典型的故障/安全设备，以安全型继电器为基本单元的继电连锁，从 20 世纪 30 年代一直沿用至今。80 年代后，电子计算机技术的飞跃发展，软件功能越来越丰富，自检测功能及硬件、软件冗余技术不断完善，实现了电子设备故障导向安全。加之微机连锁在人机对话功能、进路存储和自动设定、功能扩展，与 ATS 及数字化轨道电路等现代信息处理系统的结合性，设备的可靠性与安全性，设计与施工的快捷性，可维修性以及机械室占用面积等方面，均优于继电连锁，从而促进了微机连锁的发展和应用。

为适应城市轨道交通车站道岔数目少、行车作业较简单的特点，国外还开发了集中式微机连锁设备。

时至今日，列车自动控制系统与轨道线路综合化系统的技术成果以英国威斯汀豪斯信号公司生产的无绝缘移频轨道电路 FS—2500 和 ATP/ATO 系统、法国马特拉等公司开发的 SA-CEM 系统、日本日立公司开发的预见模糊控制的列车自动运行系统、德国西门子等公司研制的通用连续式列车控制系统 LZB700、北美的先进列车自动控制系统 ATCS 以及 AATC 系统等最具有代表意义，最能反映当前列车自动控制系统发展的方向。

以下简要介绍两种信号系统的特点：

（1）德国西门子公司的 LZB700 信号系统

LZB700 是一种连续作用的列车安全间距控制系统，适用于短途轨道交通列车的自动控制，控制系统的功能和复杂程度，取决于列车运行图表的要求，而这运行情况又取决于所投入运输列车的客运能力。

LZB700 利用音频轨道电路 FTGS 将信息从路段传递到列车上。轨道电路频率在 4.75～16.5kHz 之间，能将整段电信从路轨传递到车上。

通过这些数据给列车发出指令：

1）某一给出行使路段的速度极限；

2）某一目的位点允许的速度极限（停车位点或者慢行路段的起点）；

3）到达这一定点的距离；

4）进入下一路段轨道电路允许的驶入速度；

5）目前行驶路段轨道的长度；

6）这一轨道电路路段的平均坡度。

自动控制系统利用这些信息可以使列车之间达到较密的运行间隔，也为整个系统进一步扩展为全自动控制系统奠定基础。

车上和车外的控制系统使用安全可靠的 2 对 2 动作模式的计算机，此系统现代化的配置具备通用接口控制，可以结合中央运行控制系统监测功能。

计算机辅助的控制中心，处理所有常规业务并掌握可能出现的不正常情况，其主要任务是控制交通。控制中心是按照分散导引系统作业的，通过 LAN 网联接各控制台和主机，达到最大的灵活支配性。

LZB700 系统使用的音频不是 1kHz 和 3kHz，也不是脉冲信号或者频分多路或者位模，这里所讲的频率是 4～17kHz，因此可以传递有功分量为 40～60 比特的电信，这里所讲的电信是一串比特，以同步起点端开始，包含一串有用比特，以信集闭端结束。

显然，我们可以利用如此大量的数据解决较为复杂的操作问题，同时也为实现全自动运行控制奠定基础。

FIGS 音频轨道电路的电子装置安装在集中信号楼内。一电机产生音频，经过放大和滤波之后通过偶线传送到轨道的馈入端。馈送距离可以达到 6.5km。各种轨道电路产生两组不同的音频。一组的 4 个频率在 4.75kHz～6.25kHz，另一组的 8 个频率在 9.5kHz～16.5kHz 之间。

较低的音频用于较长的路段，如车站短路段之外的路段。音频馈入是通过称为 S-轨端接续线实现，这是一个共振电路，由一个电感（铁轨和 S-轨端接续线的半边）和一个电容（在 S-轨端接续线和第二条铁轨之间）构成。音频传递到接收端之后，被一个相同的共振电路接收并送到集中信号楼的接收器内。相隔距离可以达到 6.5km。

LZB700 将电信通过轨道电路和铁轨发送到列车，这些信号由列车上的装置识别处理，列车上的装置还同时从两个所谓的路段脉冲发生器接收有关速度的信号。

LZB700 的路段信号机，主要由技术安全可靠的计算机和电信输出组件构成。计算机是两通道系统，通过 2 对 2 的比较达到较高的安全性，根据使用情况可以使计算机的数量增加一倍，机与机之间通过串行接口联接，而且还为接通中央运行控制系统和邻近路段中央信号楼的信号机留有接口。整个信号机可以装入一电柜中，在安装定位时，此电柜总是置于轨道电路支架的附近。而车上信号机电柜，则比路段信号机柜更为紧凑，其中央计算机同样是采用安全的 2 对 2 模式。

通过以上主要装置，FIGS 轨道电路即可将相当多的数据有规律地发送到列车上，通过这些数据，即可将控制信号通知列车如下信息。

1) 目前行驶路段的速度极限 [VG]；

2) 目的速度 [VZ 和 VLA]，目的速度可以为零，或者下一慢行路段允许的速度；

3) 目的距离 [Z，ZLAA 或者 ZLAE]，抵达停车站或者慢行路段的起始或者终点；

4) 进入下一路段轨道电路允许的驶入速度 [VE]；

5）路段轨道长度［GKL］和路段平均坡度。

根据这些信息，车上的行驶装置即可确定，从那一点开始到下一位点多长距离内，要保持较低的速度和路段坡度对刹车距离的影响。这些信息还可以确定列车在某一定点允许停下，或在刹车距离和测试范围内可以超越某一停车位点。

中央控制系统的构造，是按照分散导引系统作业的，通过LAN网联接各控制台、主机、打印机等，以达到最大的灵活性。

主机可以根据需要增加一倍，它也可以用于处理管理层的工作。另一主机（同样可以根据需要增加）用于自动进行列车行驶情况记录，行车自动控制和运行列车必要的安全间距调节。

主网LAN则通过光导纤维结点与光纤导线相连通，并以此联接到其他车站，站内运行控制中心不但作用到集中信号楼也作用到LZB700。

（2）美国HARMON公司的AATC无线信号系统

AATC系统由Hnghes飞机公司增强的军队定位报告系统（E-PLRS）发展而来，原用于野战分队的定位和通信。E-PLRS发送器和接收器安装在列车上和站间距较大的线路上，这些电台用来传送系统中来自/至控制站的安全控制信息。列车位置是由测量多个发送器和接收器间RF传播次数来确定的。多数情况下，站间可以被无线可靠而冗余的覆盖，不需要站间安装电台。

AATC系统将轨道分割成多个控制区，每个控制区由车站设备房内的车站计算机控制，在AATC控制区内由分布的电台构成无线通信网。利用时分多址（TDMA）协议将0.5s的帧划分成256个时间隙，允许与多至20个列车通信。因其为军事应用而设计。当其中一个电台故障时，系统能重新构造而自愈，可自动报告故障电台或重新替换。EPLRS能在电气噪声或高频环境中通信，并能检测本电台与其他电台之间的距离。每个列车的位置能每隔0.5s检测一次。

自动列车控制系统（AATC）是利用增强位置定位报告系统（EPLRS）的军用电台（专为对付恶意的干扰而设计）组成

的无线列车控制系统。EPLRS 有两个特性使得它非常适合于列车控制：

1）在有电力噪声或密集的无线通信区域通信的能力；

2）可以确定两个电台之间的距离。

这样，通过两个线路的电台和列车上的电台通信，就可以将车的位置确定在 4.6m 的范围内，同时列车可以传送状态信息、接受诸如速度命令等信息。

AATC 系统是一种列车运行移动闭塞系统，一台车站计算机（SC），可利用连锁状态和该区域内其他列车的位置来计算停车曲线。建立 AATC 系统的同时，建议在连锁区域、接近区段、控制区的边界、干线的接入点等，仍使用常规的工频轨道电路。既有的轨道电路将作为备用手段，可用来识别无 AATC 车载设备的列车和断轨。

（3）列车自动防护系统 ATP，是 AATC 系统的一个组成部分，是保证列车安全运行的自动防护措施，其防护列车安全运行的责任将被分配给以下几个安全型子系统

1）VHLC—安全型的 Harmon 逻辑控制器（亦被称为 ASIC）从中心计算机和车站的现场控制板（LCP）接收信息作为输入。事实上，从这两种设备接收的输入都是非安全的。VHLC 接受这些输入并对他们以安全的、故障-安全的方式进行处理，以保证列车进路、出清车门、锁闭道岔和进路的安全。

2）VSC—安全型的车站计算机（包括地铁的进路图形），跟踪列车运动，计算速度命令，向相邻的控制区域移交控制权。还包括：限速区域和临时限速，确认列车的最大速度，控制移动闭塞使运行间隔最小。

3）ATP—车载的自动列车防护设备，紧密的监视列车的速度并在列车超速时发出制动请求。亦监视车门是否关闭。

4）ATIC—车载的高级列车接口控制器将车辆电台设备（VRS）和速度命令等安全和非安全的数据传递给车载 ATP&ATO 单元和其他的 ATS 功能。

5）ASIC—高级车站接口控制器是 VHLC 和车站计算机的接口。SC 和 VHLC 传递安全型数据如：进路的位置，轨道电路的占用，道岔位置等以便安全的控制列车。

（4）列车自动运行系统 ATO，是 AATC 列车控制系统的非安全部分

车站 ATO 和车载 ATO 子系统完成非超速状态下的加速、减速、制动等操作。

车站 ATO 设备通过车站计算机和无线网络向车载的 ATO 发送加速执行等级信息。

车载的 ATO 控制器与列车电机的"P"线和制动控制继电器接口。该控制器通过"P"线控制列车的加、减速，它通过 VTIC 接收命令。另外，车载的 ATO 执行车站的停车曲线，借助车载的标志阅读器和线路的无源标志使列车精确停车。

（5）列车自动监控系统 ATS

ATS 系统是 AATC 列车控制系统的非安全部分。ATS 子系统完成功能包括：列车识别、跟踪、设备状态监视，提供自动或手动操作功能。显示运行图形，为运行计划和当前服务提供列车图表，交通管制，存储、显示报警，提供车辆维修的管理。为旅客向导系统提供车辆的信息，运行模拟操作，生成报表，提供统计数字，与 ATP 和 ATO 系统交换数据。完成这些功能的部分是：

1）中心办公计算机

车站计算机（SC）——车站计算机负责管理无线网络，确定控制区域内列车的位置，计算安全速度，在需要的情况下减小该区域内的列车的制动速率。协调相邻的控制区域移交列车的控制权，无线静默列车的进入检测，断轨检测并采取相应措施（受轨道电路性能的限制）。与 ATO 和中心接口。从 ASIC 接口控制器接收线路的信号数据。执行健康和失效估价，数据记录、提供操作界面。

RIM——两个 GPS RIM 电台为无线网络提供时间同步。

2）车站计算机提供轨旁逻辑来管理 RF 网、处理列车追踪、计算速度命令、管理不同控制区的握手信号，并提供轨旁信号设备、车站 ATO 和中心控制的接口。车站计算机包括 3 种处理模块：网络管理模块（NMS）、安全车站计算机（VSC）、非安全车站计算机（NVSC）以上模块均以热备方式工作。系统能不间断地监测主机及备机的故障和通信故障，能够自动切换，并允许手动切换。

3）车站接口用于车站计算机与轨旁 ATO 设备的并/串转换，由可编程序及逻辑控制器（VHLC）构成。VHLC 可用于代替传统的继电连锁电路。

4）每站两套车站电台（SRS）。所有 AATC 系统内的电台按时间同步方式工作。TDMA 网络通过时间上的划分允许多个电台进入一个有限的通信频道。不同的控制区不同的 TDMA 网有一个一致的时间同步。每个电台发出的信息会被 2～3 台电台收到，如果同一种信息收到几份拷贝，则只发送一次。

单个轨旁电台的故障不会导致系统通信故障，故障电台修复后可自动进入网络并支持网络功能。

5）每车两套车载设备，分布在头部和尾部，包括分系统为：车载电台（VRS）、AATC 列车接口控制器（ATIC）、车载 ATC（VAYC）。车载电台用于构成 RF 通信网和测量轨旁电台与自身的距离，该距离值用于车站计算机对列车的定位。ATIC 用于车载电台与车载 ATC 间的通信，即使在故障情况下也能保证，同时提供头部与尾部间的通信。车载 ATC 用于接收和分析 ATP 命令，包括速度命令并执行；同时控制列车的牵引和制动来满足 ATP 的速度命令。

AATC 技术定位精度为 ±15 英尺（4.57m），追踪间隔达到 80s。AATC 系统的投资为现有 ATC 系统的 1/2 左右，其重要特点是系统的安装相对很容易，安装的过程中可不打断现有列车控制设备的运营。

2. 国内情况

自 20 世纪 60 年代北京地铁建成后，信号技术设备主要都由我国自行研究设计和生产，其技术水平基本上是仿造当时铁路信号设备的模式。进入 20 世纪 70 年代后，虽然也研究了列车自动防护、自动运行功能一体化的数字式列车自动控制设备技术开发问题，但限于当时的条件，产品更新换代的技术开发工作没有跟上，加上地铁行业业务归口管理工作较薄弱，对技术开拓和发展战略，缺乏全面规划，行业产品生产发展很艰难，而正在这段时间，国际上城市轨道交通蓬勃发展，在世界上著名大城市中，地铁和轻轨系统已成为城市交通的主要支柱。各种现代化技术，特别是计算机技术得到了广泛的应用，它的水平已远远超过地面铁路，成为新兴技术的高密集场所之一，我们坐失了这一良机，差距拉大了近 20 年。

随着我国城市轨道交通建设事业的进一步发展，为适应现代化技术的要求，只能采取技术引进的方式以解燃眉之急，国外先进技术的引进，对我国信号技术的今后发展，将具有十分重要的推进作用。

目前，我国已引进和在使用的信号系统已有 4 套 ATC 标准，这 4 套 ATC 的供应商和用户如下：

1）上海地铁 2 号线的 ATC，由美国 US&S 公司提供；

2）广州地铁 1 号线的 ATC，由德国西门子公司提供；

3）上海地铁 1 号线的 ATC，由美国 GRS 公司提供；

4）北京地铁 1 号线的 ATC，由英国西屋公司提供。

以上 4 套系统中，GRS 系统是 20 世纪 80 年代初期的技术水平，西屋公司的系统属 20 世纪 80 年代末期水平。而西门子和 US&S 公司的系统已属 20 世纪 90 年代水平，其所采用的保证行车安全和提高列车效率的重要设备/无绝缘轨道电路，为报文数字式轨道电路，是当前世界上最先进的无绝缘轨道电路类型，西门子的 ATO 在折返线上还实行无人驾驶自动折返，对提高列车折返速度具有重要作用。

就在信号系统引进的同时，国内也开展了城市轨道交通系统信号设备的研制工作，如 1994 年初成功地研制了北京地铁环线用微机调度集中系统，经过近 4 年的现场运用证明，其性能稳定、工作可靠、满足运用要求。

国内列车控制系统的开发、应用和国外列车控制系统的引进及借鉴，使我国具备了列车自动监控、列车自动防护及列车自动驾驶等现代信号技术的开发经验，具有列车自动控制系统方案论证、研究的经验，以及引进国外现代信号系统并进行工程设计的经验。也具备了完整的现代信号系统建设和成熟的运用经验。

因此可以说，我国已经具备了信号系统国产化工程实施的能力。

10.3 信号技术的发展策略

1. 技术方向

20 世纪末，国际上城市轨道交通信号技术的发展，已能应用自如地利用当代高新技术的特点，使轨道交通的行车指挥系统，充分实现了保证行车安全、提高运输效率、实现短间隔、高密度行车的要求。毫无疑问，国外先进技术的引进，对我国今后信号的发展，将具有十分重要的作用。然而，由于信号系统具有专用性强、涉及专业多、技术复杂、品种多、设备用量少的特点，多国引进也必然造成信号制式的繁杂、系统选型的困惑和配备维修部件的艰难，也难以适应我国城市快速轨道交通的发展。

因此，结合引进的信号系统进行国产化的问题已迫在眉睫。

当前，结合我国城市轨道交通的建设现状，应巩固和开发的信号技术，是将重点放在基于音频数字化轨道电路的固定式自动闭塞系统技术和配套设备。随着信号技术的不断进步，国外一些经济发达国家，已把精力投向于将行车控制往移动闭塞系统目标发展，其动向应加以关注。

基于无线通信的 AATC 系统 CBTC（Communication Based on Train Cotrol），已不再依靠轨道电路传送列车位置、线路状态等信息。而采用移动通信、地面交叉感应电缆等信息传送媒体，实现车/地通信，以通信为基础的列车自动控制系统，适应移动闭塞制式的需要，可将行车间隔压缩至 60s 以内，大大提高了线路的通过能力。

以无线通信为基础的列车自动控制系统还能够适应单轨交通系统、磁浮列车系统等不同类型轨道交通的需要。此外，还有采用卫星全球定位系统 GPS（Navstar Global Positioning System）对列车进行实时监控的方式。

为使我国城市轨道交通的信号技术保持连续不断的向前发展，做到与国际技术进步的步伐基本一致，从现在开始，就应投入主要力量，研究和开发实用的高、新技术，尽快掌握基于无线通信电路的移动闭塞系统技术，同时采取必要的措施，包括与国外有关公司合作，同步开发研制相关的配套技术设备。

2. 国产化路线

由于 ATC 系统是一个复杂系统，大多数是当前尖端技术在信号系统上的应用，若要全面进行国产化，还有很多困难。因此，配合地铁车辆国产化，首先进行车载信号自动防护系统的国产化研究，是力所能及和急需的。

车载信号自动防护系统 ATP，是车辆控制系统的一部分，用来控制任何两列运行时的列车，保持一定的相对距离，并强制列车不能超速运行，从而防止列车间的正向和侧向冲突以及列车追尾等严重事故的产生。是保证行车安全和实现短间隔、高密度行车不可缺少的安全设备。

ATP 系统主要由以下几种设备组成：

（1）无绝缘轨道电路：包括发送、接收、电源、检测和接口等室内外硬设备和软件。

（2）ATP 车载设备：包括接收、测速、表示、控制、接口电源和检测等硬设备和软件（应考虑好与 ATO 的接口）；

（3）微机连锁：包括控制台、表示盘、接口和检测等硬设备和软件。为此，车载信号自动防护系统的国产化研究，建议分为两步走为宜：

第一步，先进行车载信号部件研究，可包括 ATP 接收线圈、TWC 发送天线、标志线圈天线、车辆对位天线、ATC 测试盘、控制盘、机架等；与此同时，还可进行轨旁信号部件的研制。

第二步，在引进国外先进技术的基础上，研究采用计算机和数字编码传输以及自动与远动技术，根据故障-安全原则构成适合我国城市轨道交通的先进信号系统。

该系统应采用模块化技术，按功能形成积木式结构。根据需要可以组成功能完整的高级系统，也可以组成只有部分功能的中级系统或初及系统，以便不同运量选用不同等级的设备。

鉴于我国城市轨道交通建设的初期阶段，由于建设投资比较困难，修地铁多依靠国外贷款，借谁的钱，买谁的设备。所以，同是信号设备，北京买的是英国设备，上海则是美国设备，广州是德国设备。长此以往，多国设备并存的局面必将形成，接踵而来的是维修问题，备品备件的生产问题，还有我国自己的标准问题。

因此，当务之急是应有效控制不宜随意购买国外信号设备，在有条件地与国外合作的同时，集中国内优势力量进行国产化攻关，争取在较短的时间内，使信号设备的国产化率达到 60%以上，依赖国外的局面才能逐步扭转。

第11章 自动售检票与清分系统

11.1 概 述

自动售检票系统 Automatic Fare Collection，（以下简称"AFC系统"）。AFC系统是基于计算机、通信、网络、自动控制等技术，实现轨道交通售票、检票、计费、收费、统计和清算等全过程的自动化系统。

AFC是现代化城市大流量人口进出门禁的科学管理手段，这种高效而安全的技术措施，将能达到优质的服务目标。

众所周知，城市轨道交通项目一旦建成通车后，就必须持续保持系统的正常运营。运营管理的完善与先进性，将是轨道交通系统得以常年安全运营的重要保障，尤其是车站出入口的人流管理问题，更是运营秩序和经济效益的关键问题。

据统计截至2017年，我国已有31座城市建成了城市轨道交通项目，运营线路139条，总长度已达4396.7km，共有车站约2899座。

我国城市轨道交通的发展前景非常广阔，当前，我国还有56座城市都在规划本地的轨道交通建设项目，线路总数达480条之多，总里程长度将超过23000km，车站总数至少也有12000座。如此众多的车站，每天进出的人流都是以亿万次数为计，没有一种高效而安全的门禁管理技术措施是难以想象的，AFC系统的建立将是克服这些难题的有效手段。

20世纪90年代以前，以磁卡作为车票的AFC系统，在世界各地得到了广泛的应用，积累了大量的经验和教训，但也存在着很多缺点和问题，如：

（1）磁卡的记录容量小；

（2）磁条易磨损和划伤；

（3）以磁场方式记录的数据遇到其他外部磁场时，极易被磁化而造成数据出错或丢失；

（4）磁卡上记录的数据无任何安全保密措施，极易被伪造和仿制；

（5）磁卡的读写是通过均速运动卡片与磁头相接触来实现的，在读写过程中任何抖动、接触压力过大或过小、磁头或磁卡的污染等都会造成读写卡的错误或失败，而且磁卡的读写过程时间较长；

（6）磁卡的读写设备构造复杂、故障率高、价格昂贵，维护保养困难且维护成本高。

因此，在 AFC 领域里，是属于逐步淘汰的技术。

20 世纪 90 年代出现了非接触式集成电路智能卡，除了具备"接触式 IC 卡"的全部特点外，由于其通过无线电波与读写器进行数据交换，其电气部分不需要外露，因而非接触式集成电路智能卡可以将"集成电路芯片和天线"密封在 PVC 中来构成，其外形完全符合 ISO7811 标准。

由于"非接触式集成电路智能卡（IC 卡）"的芯片不外露，其优越性如：

（1）不怕潮湿和污染；

（2）具有抗磁场和静电破坏的功能；

（3）卡片读写不产生机械磨擦现象、抗弯折能力强；卡片读写无方向性，操作方便、使用寿命长；

（4）读写器的电气部分不需要外露。

以及其具有的高安全保密性（难以复制）和大存储容量，特别是十分容易与计算机系统交换数据的优点，使得非接触式 IC 卡已广泛地被运用在世界各地的城市交通门禁管理中，而且发展势头迅猛。

11.2　AFC 系统结构的组成

　　根据我国国情和城市发展现状，综合考虑轨道交通建设的特点，如线路多而复杂、建设周期长、多个业主单位等情况，对城市轨道交通 AFC 系统的结构进行技术层次划分是十分必要的，通常可分为车票、车站终端设备、车站计算机系统、线路中央计算机系统和清分系统 5 个结构层次。

　　各地 AFC 系统的结构层次设置，可根据城市轨道交通系统规划的具体情况及其与当地其他公共交通兼容管理接口的情况，进行调整。

　　各层次必须实现的功能和要求应满足以下基本规定：

　　第一层：车票，是乘客所持的车费支付媒介，规定了储值票和单程票两种类型，及其相应的物理特性、电气特性、应用文件组织以及安全机制等技术要求，地方所采用的公共交通"一卡通"，可在城市各类公共交通系统中通用，也是城市轨道交通网络中换乘使用的储值票；

　　第二层：车站终端设备，应包括售票机、检票机及相关配套设施，是直接为乘客提供售检票服务的设备，安装在各车站的站厅，规定了车站终端设备及其运营管理的技术要求；

　　第三层：车站计算机系统，其主要功能是对第四层车站终端设备进行状态监控以及收集本站产生的交易和审计数据，规定了系统的数据管理、运营管理及系统维护管理的技术要求；

　　第四层：线路中央计算机系统，其主要功能是收集本线路 AFC 系统产生的交易和审计数据，并将此数据传送给城市轨道交通清分系统，以及与其进行对账，规定了对该线路的车票票务管理、运营管理及系统维护的技术要求；

　　第五层：清分系统，其主要功能是统一城市轨道交通 AFC 系统内部的各种运行参数、收集城市轨道交通 AFC 系统产生的交易和审计数据并进行数据清分和对账、同时负责连接城市轨道交通 AFC 系统和城市一卡通清分系统，规定了对车票管理、票务管理、运营管理和系统维护管理的技术要求。

11.3 车　　票

车票介质采用非接触式集成电路卡，主要票种为单程票和储值票

两种。车票可按需要封装成卡片、筹码或其他形式。

（1）非接触式 IC 储值卡：根据 ISO/IEC 7810 的规定，卡内嵌装集成电路，以非接触操作方式与外部集成电路进行耦合操作的卡，简称储值卡或 IC 储值卡。它有一定的存储空间和数据加密功能。主要用于储值、扣款、充值。

（2）非接触式 IC 单程票：卡内嵌装集成电路及天线通过电感耦合方式与 IC 读写器进行操作的 IC 卡，简称单程票或 IC 单程票。

1. 车票尺寸规格

票卡尺寸应符合表 11-1 的要求。

卡片型车票的尺寸规格（mm）　　　　　　　　表 11-1

	长		宽		厚		切角半径	
	最小	最大	最小	最大	最小	最大	最小	最大
储值票	85.47	85.72	53.92	54.03	0.68	0.84	2.88	3.48
单程票					0.40	0.58		

单程票卡的厚度主要是依据国内现有的制造技术水平决定的，目前市场上的单程票卡的实际厚度为 0.5～0.6mm 之间。考虑到将来技术水平提高后，单程票卡厚度将呈下降的趋势，因此将厚度定为 0.4～0.58mm 之间是适当的。

筹码型车票的尺寸规格及重量应符合下列要求：

（1）直径：30±0.3mm；

（2）厚度：Ⅰ型 2±0.2mm；Ⅱ型 3±0.3mm；

（3）筹码的重量偏差应不大于 5%。

筹码型车票的标称尺寸要求直径为 30±0.2mm，是依据目前国内圆形筹码型车票的通用直径而确定的，其厚度目前应用的主要有 2mm 和 3mm 两种，考虑到标准的兼容性，因此定为不大于 3mm±0.2mm。

储值票的芯片存储容量应不小于 1kbit，单程票存储容量应不小于 512bit。

2. 物理特性

卡片型车票封装后的物理特性：（1）翘曲；（2）剥离强度；（3）抗化学性；（4）特定温湿度条件下卡片尺寸稳定性和翘曲；（5）粘连或并块；（6）动态弯曲压力；（7）动态扭曲压力；（8）抗紫外线；（9）抗 x 射线；（10）抗交变磁场；（11）抗交变电场；（12）抗静电；（13）抗静磁场。都应符合 ISO/IEC7810 和 ISO/IEC14443 系列标准的有关条款规定。

封装成筹码型或其他形式的车票物理特性，应符合上述特性的（3）、（9）～（13）条项目的规定。

储值票的芯片读写次数应大于 100000 次；单程票芯片读写次数应大于 10000 次。

芯片读写次数主要依据供应厂商所提供的芯片读写寿命来决定，这种芯片应能满足卡片防冲突机制要求。密钥管理程序总体上遵循建设部《建设事业集成电路（IC）卡应用技术条件》CJ/T166 标准规定的管理程序，具体应用时，由系统集成商决定具体的管理办法。储值票卡必须经双向密码验证，而单程票则可适当简单化。

3. 电气特性

车票的电气特性应符合 ISO/IEC 14443.2 的规定。车票应具有防冲突的功能。在规定的通信协议和通信频率进行操作时，车票与读写器之间应能进行相互认证和复位应答。储值票完成一次车票读写的处理时间应不大于 300ms，单程票则应不大于 200ms。

在场强大于 1.5A/m，小于 7.5 A/m 的环境下，卡片型车票与售检票机之间的最大读写距离不得小于 60mm，对于内置于传送装置的最大感应距离应不小于 20mm，筹码型车票与售检票机之间的最大读写距离应不小于 30mm 。

从应用角度来说，交易处理的时间越短越好，但如果所采用的芯片来源不同，则其加密方法也不同，将导致处理时间的差别较大。

4. 应用文件

(1) 储值票的应用文件

采用公共交通"一卡通"储值票的应用文件，应符合《建设事业集成电路（IC）卡应用技术条件》CJ/T 166 的规定。储值票应用文件的内容，应设立目录区，应用类型标识，可用 1字节 16 进制代码表示。发行信息区，应记录卡的发行流水号、卡的认证码、卡类型、发行版本及卡的发行日期等信息。

钱包及充值信息区，应包括钱包、钱包备份和校验等信息。数据文件标识符在卡的初始化时，应由发卡机构写入指定的目录块，充值信息区内，应记录最新的充值交易记录。

公共交易变量信息，应包含交易记录指针、钱包累计交易次数等各线路共享的信息。

公共交易记录信息区，应记录交易设备编码、交易金额、交易后钱包余额、交易时间等。卡内存放的交易记录应为等长环形结构。

(2) 单程票的应用文件

单程票的应用文件由标识、发行信息、售票记录、共享信息、进出站交易记录等组成。单程票的标识应由客户代码、制造商代码和单程票序列号生成。发行信息应包括单程票的发行企业代码、发行日期、发行流水号及版本号等。售票记录应包括售票机线路代码、售票机站点代码、售票机设备代码、单程票的类型、售票时间和售票金额等信息。共享信息应包括交易标志、使用次数等，并进行校验。进站交易记录应包括时间、线路代码、站点代码、设备代码和校验等信息。出站交易记录应包括时间、线路代码、站点代码、设备代码、金额和校验等信息。

5. 安全机制

（1）密钥管理

车票的主密钥的生成及安全认证模块（存放主密钥），应按规定程序管理。在车票发生交易时，应由设备内的安全模块根据车票的特性判定合法性。车票在每次操作时，应经过密钥验证。车票的应用密钥应根据车票的唯一码、认证码以及交易过程中产生的变量，按照规定的加密算法生成。

（2）通信安全

车票应具有数据通信加密并双向验证密码系统。单程车票与读写器通信可使用握手式半双工通信。在通信过程中，不得明文传输密钥。

在通信安全的规定中，储值票卡必须经双向密码验证，而单程票则可适当简单化。

11.4　车站终端设备

车站终端设备应包括售票机、检票机及相关配套设备。

1. 通用要求

自动售检票系统的服务功能，主要是通过 AFC 系统设置在车站现场的自动售检票设备来完成的。此类设备的开发制造，在我国也是近年的新兴产业。

目前 AFC 系统所涉及的终端设备，主要由收费区外的接受付费（售票）设备和收费区出入控制的（检票）设备所构成。

需要考虑的主要问题如下：

（1）AFC 系统终端设备的功能，目前已经和计算机系统与网络化技术密不可分；

（2）技术的发展使得 AFC 终端设备的可靠性有了很大的提高，尤其是我国目前已趋向于采用全部以非接触式 IC 电路为车票媒介的 AFC 系统，AFC 设备的主要服务功能，将更具系统化和网络化特征；

（3）目前我国轨道交通 AFC 系统建设，正处于技术发展和全网联运（"一票通"、"一卡通"等）的阶段，AFC 系统设计和 AFC 设备设计，需要从系统整体的实际需求上，做统一设计规划。

终端设备技术性能和技术要求，主要是：售票设备（半自动售票机和全自动售票机），检票设备。

对 AFC 系统可能涉及的其他设备，如：车票编码/分拣设备、车票自动加值设备、验票机、半自动补票机、全自动补票机、双向检票机、兑币机、便携式检票终端、便携式验票/补票终端以及不在城市轨道交通现场服务的远程售票设备等，都应分别建立配套兼容设计机制。

在制定技术性能和技术指标要求的过程中，对我国已引进的 AFC 系统设备现状，以及某些因地域条件、控制方法有不同要求的设备，也应充分考虑其兼顾性，供选择采用。

2. 售票机

（1）半自动售票机

基本功能应符合下列要求：

1）应具备车票发售、充值、补票、退款、罚款、更新、分析、交易查询、收益管理、操作登录等票务处理功能；

2）应能与车站计算机进行通信，上传车票处理交易、设备运行状态等数据；接收车站计算机或线路中央计算机下传的命令、参数、票价表、黑名单及其他数据，并应能对版本控制参数执行自动生效处理；

3）在与线路中央计算机及车站计算机通信中断时，应能在离线运行模式下工作，并保存数据，在通信恢复后，应自动上传未传送的数据。

（2）自动售票机

自动售票机的基本功能应符合下列要求：

1）发售有效单程车票；

2）应能向车站计算机上传车票处理交易、设备运行状态等数据，接收车站计算机或线路中央计算机下传的命令、票价表、黑名单及其他参数等数据，并应对版本控制参数执行自动生效处理；

3）应具备自动接受硬币、纸币、银行卡等的一种或数种支付方式，并具备硬币找零或硬币、纸币找零的功能；

4）在与线路中央计算机及车站计算机通信中断时，应能在离线运行模式下工作，并保存数据，在通信恢复后，应自动上传未传送的数据。

自动售票机的主要性能应符合表 11-2 所示要求。

自动售票机的主要性能 表 11-2

内容		单位	性能要求
车票处理	发售速度（投入足够数量的钱币后）	（s/张）	≤3
储票储币能力	卡式车票总容量	（张）	≥1500
	筹码车票总容量	（枚）	≥2000
	纸币找零总容量	（张）	≥500
	硬币找零总容量	（枚）	≥1000
	纸币回收箱总容量	（张）	≥1000
	硬币回收箱总容量	（枚）	≥2000

3. 检票机

基本功能应符合下列要求。

（1）进出通道的通行控制；

（2）读写、回收、退还车票和计扣车费；

（3）乘客提示信息、运行状态显示和报警；

（4）维护人员操作界面；

（5）交易记录和审计数据的生成、存储和传送；

（6）在线路中央计算机及车站计算机通信中断时，应能在离线运行模式下工作，并能保存数据，在通信恢复后，应自动上传未传送的数据；

（7）检票机在断电和接到紧急放行信号后，必须自动打开检票通道。

检票机主要性能应符合表 11-3 的要求。

检票机主要性能　　　　　　　　　　　　表 11-3

内容			单位	性能要求
车票处理速度（包括检查、编码、校验等）			(ms/张)	≤300
车票回收处理速度（包括检查、编码、校验、无效退出等）			(ms/张)	≤500
门式检票机的闸门打开时间（检查车票为有效后）			(ms)	≤500
通过能力	转杆式检票机		（人/min）	≥25
	门式检票机	无回收票	（人/min）	≥30
		有回收票	（人/min）	≥25
通道净宽	常规通道		(mm)	≥500
	宽通道		(mm)	900
检票机宽度			(mm)	≤300
回收票箱总容量	卡式车票		（张）	≥1500
	筹码车票		（枚）	≥2000

11.5　车站计算机系统

1. 车站计算机系统的组成

车站计算机系统应由服务器、网络设备、操作工作站、紧急按钮、不间断电源和打印机等组成。

车站计算机系统，应完成车站各类票务管理工作，如车站各种票卡和现金库存管理、售票员业务管理、设备操作管理等，车站计算机系统自动处理的所有数据、文件和生成统计的定期报告，并应按照运营日进行处理。

其中，运行参数、运营模式和黑名单，是车站设备和车站计算机系统正常工作的基本条件，均由上级系统统一管理。

2. 车站服务器的功能

车站服务器主要用于采集车站设备数据、向上级系统发送数据、存储和处理车站数据，处理车站票务工作和车站设备状态监控，紧急按钮主要在紧急情况下开放所有闸机，不间断电源为保证车站 AFC 系统不间断运作，打印机是用于打印车站各种相关报表。

由于车站服务器功能的重要性，又需要适应车站的恶劣工作环境，应要求服务器采用工业级计算机。

3. 车站终端设备

终端设备的原始交易数据和设备状态数据，是中央系统进行数据接收和账务清分的基础数据，车站计算机系统应采集车站终端设备的原始交易数据和设备状态数据，并上传给线路中央计算机系统。

车站需对往日的业务数据和系统数据进行查询，车站计算机系统需具备保存不少于 7 个运营日的业务数据和系统数据的能力，数据备份是保证车站计算机系统数据安全的有效措施。

4. 票务工作

车站整个票务工作，应 24h 不间断，因此，车站计算机系统，也应能支持系统 24h 连续在线实时运行。

每日交易量和每分钟处理数据的能力，是整个车站计算机系统能否满足实际车站运作的重要指标，车站计算机系统，应具备每日处理不少于 30 万笔交易量和每分钟能处理 5000 条交易数据的能力。

5. 设备状态

车站所有设备，应在统一的模式下运作，车站计算机下达的系统命令，应能在 5s 内下达到车站所有设备。

为了能够及时掌握车站设备状态，遇到问题能够及时处理，车站计算机系统，应具备实时查询车站设备状态及数据的功能，应能对本车站保存的 AFC 数据进行统计，并形成相应报表，在 30s 内显示并返回查询结果。

每日运营结束时，为不影响第二天的运营工作，车站计算机系统应能在 15min 内完成当日运营作业程序的统计。

11.6　线路中央计算机系统

1. 中央计算机的组成

线路中央计算机系统应由服务器、工作站、网络设备、车票编码/分拣机、不间断电源和打印机等组成。

其基本功能是设置和下发轨道交通的运行参数、票价表、降级运行模式、交易结算数据、账务清分数据、黑名单及车票调配信息。

考虑数据存储和处理能力，在没有清分系统的情况下，线路中央计算机系统应配置车票编码/分拣机，如果有清分系统，可以根据运营实际情况，考虑取消车票编码/分拣机。

2. 中央计算机的设计概念

AFC 中央计算机（Central Computer System，CCS）的设

计概念可参照以下要点进行，系统可按不同的商业模式和运营政策，承担不同的功能，CCS 所承担的主要功能如下。

（1）票卡发行者：负责售卖票卡所得的现金；

（2）清分中心：负责审核上传到 CCS 的交易数据是否有效，并每天进行结算；

（3）配置管理：管理整个中央计算机系统（包括其设备）的配置和参数；

（4）交易采集：作为整个系统交易数据的集中点；

（5）报表提供：显示系统所总结的资料和报告；

（6）设备管理：唯一能监控系统内所有前线设备和仪器；

（7）应用软件/数据库的服务器：作为数据库和商业应用软件的主机（可包括，交易、事件和审查资料）；

（8）对外其他系统的接口：应商务需要，现代的 AFC 系统多数

需要与其他系统进行接口；

（9）前端设备：车站计算机/票卡译码机、用户信息、票务清理、验证和配置管理；

（10）设备管理：其他应用软件如：票卡、财务、客户、报表和黑名单等；

（11）应用软件：数据库、对外其他系统的接口。

3. 中央计算机的工作站，

应能把从清分系统传来的信息，传输并保存到中央计算机系统的服务器数据库中，并可转发（包括直接转发和二次转发等形式）下载到车站计算机系统。也可把车站计算机系统上传的车票原始交易数据，传输并保存到系统的服务器数据库中，并转发上传到清分系统。

4. 中央计算机的服务器

应能接受工作站（通信工作站）上传输到数据库中的各

种信息，将数据库中的车票原始交易数据、设备状态数据及设备维修数据等信息，按应用程序指令，进行计算和处理。还能根据工作站（应用程序工作站）传来的应用程序指令，进行分类计算和处理，完成各种统计分析报告和报表，并进行打印。

服务器上具有定时自动备份操作系统和数据库的脚本，可自动对操作系统和数据库进行备份，系统崩溃时，系统管理员能根据最新的备份资料，将系统恢复正常。

通过工作站（应用程序工作站）应用程序的菜单等指令形式，设置本线路系统终端设备的操作权限，并将其保存到服务器上的数据库中，或下载到相关的终端设备上，实现操作权限管理。

为了保证整个城市轨道交通系统中的时钟同步，根据确定的通信系统母钟同步机制，将清分系统的时钟，按一定的周期同步到线路中央计算机系统，并在本系统内，同步车站计算机系统和相关终端设备。

5. 中央计算机的主要性能

应符合 SAG、ODBC 工业级标准，支持 SQL-92 结构化查询语言。

考虑线路中央计算机系统与不同车站计算机系统之间的数据传输，需要一定的时间周期，在数据传输过程中，可能会出现一定的数据误差，要求服务器至少能保存 6 个月的业务数据。

中央计算机系统的服务器，应具备每日处理不少于 400 万笔交易量和每分钟能处理 5000 条（5000/60s）交易数据的能力，操作的速度，不低于 83 条/s。

在运营结束时，应能在 4h 内完成当日运营作业程序的统计，这是为保证线路中央计算机系统在运营结束时，工作站工作人员完成所有的输入工作，服务器的数据库，处理完当日所有后台数据运算作业，所需最长时间而确定的。

11.7　清 分 系 统

1. 清分系统的组成

清分系统应由服务器、工作站、网络设备、车票编码/分拣机、不间断电源和打印机等组成。

2. 清分系统的主要功能

（1）清分系统的主要功能是统一城市轨道交通 AFC 系统内部的各种运行参数、收集城市轨道交通 AFC 系统产生的交易和审计数据并进行数据清分和对账，同时负责连接城市轨道交通和城市交通"一卡通"的清分管理，对车票管理、票务管理、运营管理和系统维护管理的技术要求协调一致。

（2）清分系统是城市轨道交通（包括城市公共交通）发行和管理车票时需要的辅助系统。该系统由收益清分管理需要确定其功能，并决定系统的架构和设备组成，具有对不同线路的票、款和与城市公共交通"一卡通"进行清算功能，其设计必须以交易数据的确认证，产生交易的授权，交易数据的责任，交易的保密度，保存数据的原样和维持数据的可用度等保安措施为要点。

（3）清分系统还可以确认所有的使用、重复，及逾期使用量等的报表。这些报表的功能，是为系统管理者和各业主之间，当收益有误差时，作为调解的渠道和根据。

清分系统除了具备以上的功能之外，也能为业主、加值者及售票者等，进行结算及分账工作。打印所需的结账报告和分账报告，业主与加值者的管理及其他业务报告，显示储存系统内所有票卡的账目状态及剩余储值的管理。

同时，也能处理加值者提供的增值费，为业主提供每日的结账处理，收支差额，商务资讯与赔款，并列出下传的黑名单。

因此，基于清分系统的基本功能，明确清分系统最基本的配置需要，维持城市轨道交通票务系统，正常的一体化运作和必须依托的基本流程应具备的最低要求。

（4）清分系统还要适应城市公共交通与轨道交通的联运优惠，适应应用程序的设计界面和程序编写工具，允许多用户使用，支持多标准和多操作平台。

对清分系统的交易清分处理时间、系统运行速度、系统整体使用寿命和系统硬件容量等主要性能指标，考虑到各个城市会有不同的需求，可根据实际建设要求确定。

清分系统是伴随城市轨道交通一票换乘衍生出来的辅助系统，就清分系统本身而言，由收益清分管理需要确定的功能定位，将决定系统的架构和设备组成。其设计重点必须依照以下保安措施为考虑要点：

交易数据的确证，产生交易的授权，交易数据的责任，交易的保密度，保存数据的原样和维持数据的可用度。

以上要点的建立，对于系统的完整性，足以满足业主对清分系统和其所提供数据的信心。

3. 清分系统的其他作用

清分系统的其他作用，还包括能确认所有的使用、重复，及逾期使用量等的报表，这些报表的功能，是为系统管理者和各业主之间，当收益有误差时，作为调解的渠道和根据。

清分系统除了具备以上的功能之外，也能为业主、加值者及售票者等，进行结算及分账工作。打印所需结账报告和分账报告，业主与加值者的管理及其他业务报告，显示储存系统内所有票卡的账目状态及剩余储值的管理。同时，也能处理加值者提供的增值费，为叶主提供每日的结账处理，收支差额，商务资讯与赔款，并列出下传的黑名单。

清分系统是网络化的、具有最高的管理权限，应对城市轨道交通服务体系的收益负责，故清分系统的容量必须适应城市轨道交通的全部客流、管理规则和清分规则的需要。同时，系统的运行方式、职能需求决定系统双机或多机、备份或冗余。

因此，清分系统是 AFC 系统组成的最基本配置。

11.8 AFC 系统的测试

1. 车票

（1）试件卡片的操作温度为 0～+50℃。从水平刚性平台到 ID-1 规格卡凸起表面任何部分的最大距离（包括卡厚度）应不大于 1.5mm。

（2）卡的弯曲韧性应是在正常使用（弯曲但不折）条件下，能被记录或打印设备移位但不损害卡功能的变形。用《识别卡测试方法 第 1 部分：一般特性测试》GB/T 17554.1 描述的测试装置，测试卡时产生的变形最大应为 35mm，最小应为 13mm。在移开装置后的 1min 内，卡应恢复其初始平面状态（偏移在 1.5mm 内）。

（3）按 ISO14443-1 规定，用波长为 254mm，总能量为 15Ws/cm 紫外线，对卡进行双面辐射，储存在卡内的数据不应改变，并能继续进行数据读写。

（4）将卡片置与频率为 13.56MHz，场强为 12A/m 的交变磁场中，以及将卡片置于表 11-4 所规定的交变磁场中，试验后，卡的读写功能应正常。

卡片试验环境 表 11-4

频率 f（MHz）	磁场强度（A/m）	时间（min）
0.3～3.0	1.63	6
3.0～30	4.98	6
30～300	0.163	6

2. 售检票设备

（1）环境试验

1）低温试验：按《电工电子产品环境试验 第 2 部分：试验方法 试验 A：低温》GB 2423.1 规定的方法进行；

2）高温试验：按《电工电子产品环境试验 第 2 部分：试验方法 试验 B：高温》GB 2423.2 规定的方法进行；

3）恒温恒湿试验：按《环境试验 第 2 部分：试验方法 试验 Cab：恒定湿热试验》GB 2423.3 规定的方法进行。

（2）外观和结构检验

按《信息技术设备 安全 第 1 部分：通用要求》GB 4943 的试验方法进行。

（3）安全试验

1）对地电阻试验：按《信息技术设备 安全 第 1 部分：通用要求》GB 4943 标准的规定试验；

2）绝缘电阻试验：按《信息技术设备 安全 第 1 部分：通用要求》GB 4943 标准的规定，以 $184 < U \leqslant 354$ 的等级试验；

3）泄漏电流试验；

4）电源波动试验。

（4）检票机闸机通行能力试验

（5）电磁兼容性试验

（6）机械环境适应性试验

1）振动试验：按《电工电子产品环境试验 第 2 部分：试验方法 试验 Fc：振动（正弦）》GB 2423.10 规定的方法试验；

2）冲击试验：按《电工电子产品环境试验 第 2 部分：试验方法 试验 Ea 和导则：冲击》GB 2423.5 规定的方法试验。

（7）可靠性试验

1）按照各章技术条件提出的要求，规定对应的试验方法；

2）按《可靠性试验 第 1 部分：试验条件和统计检验原理》GB/T 5080.1 规定的定时（定数）截尾试验方法进行。

(8) 系统整机试验（安装质量静态检验、系统联机运转试验、连续运行试验、可靠性试验等）

1）实验环境要求

正常工作温度：$30\pm5℃$；

湿度：$\geqslant50\%RH$；

工作电压 $220V\pm10\%$，$50Hz\pm4\%$，单相三线。

2）检验、验收保证条件

承制方（必要时订购方也应参加）应根据检验、验收要求，对测量仪器、计量器具，进行校准、维护、管理。具体要求如下：

① 测试、计量、检定人员必须按有关规定进行资格考试，取得合格证明；

② 所有测量仪表、计量器具必须符合或达到有关标准规定，并能满足系统要求的精度；

③ 自制检验设备必须经过鉴定批准才能使用；

④ 所有测试仪表、计量器具必须定期维护和校准，并具有计量单位给出的有效使用期的合格证明；

⑤ 检验机构的组织人员情况以及所有测试仪表、计量器具的型号、名称、说明和使用情况等应写入检验工作文件中。

3. 测试流程

符合业者需要的产品规格→启动软件开发工程和编写测试文件→测试文件提交业主审批→软件开发完成，存档与提交测试→执行测试作业→记录测试故障报告→测试审核→彻查与补救→补充系统测试→测试成功并完毕，业主签收。

4. 拟订测试规划文件

当测试组接到测试任务后，应即着手编写设计文件和全面规划测试流程。

规划文件必须详细记载以下重点：

（1）测试的主要目的；（2）测试项目；（3）资源分配；（4）合

格准则；（5）堤交完成的所需文件。

5. 编写测试程序

测试组根据有关文件，着手编写测试程序，测试范围必须涵盖一切系统功能的验证。

主要有以下重点：

（1）列明所使用之参考文件；

（2）涵盖正反测试法；

（3）分类个别测试文件。

在测试法的设计中，应着重考虑以下内容：

（1）软件提升测试；

（2）系统功能测试；

（3）系统可靠度测试等。

6. 测试作业的实施

测试作业可划分为三大类：

（1）系统基准测试项目；

（2）系统功能测试项目；

（3）系统可靠度测试项目。

以上项目分别在实验室及营运环境下个别进行。

（1）系统基准测试

所有应用于公共交通系统的设备都得通过基准测试，且此项目必须在特许环境中进行，测试项目包括：

1）系统运作环境测试；

2）EMI/EMC 测试；

3）使用量测试；

4）安全性测试。

这些项目一般上是由特许实验室所执行，测试组只对成果分析与审核。

（2）系统功能测试

测试组在测试过程中，必须组织测试活动，如测试前会议与记录测试成果。测试活动又可分为硬件与软件的测试。测试组必须监控测试环境以达到预期的效果。

硬件测试包括：

1）系统规划验证；

2）机械组件测试；

3）组件编号验证。

软件测试包括：

1）软件部署程序测试；

2）系统功能验证；

3）系统接口验证；

4）系统报表审核；

5）密钥功能验证；

6）使用周期验证；

7）反功能测试等。

测试组应依据工程所需，编排测试时间表，并提交测试报告。

（3）系统可靠度测试

当系统在完成一系列调试运作后，系统便会进入为期六个月的营运与维修测试。在此期间，测试组将对所发生的系统故障，加以深入的分析并提出分析报告。

（4）测试环境

不当的测试环境会误导测试结果，测试组须把系统联系在模拟操作环境中，才可进行有关的系统测试。

第12章　城市轨道交通的安全风险管理

12.1　概　　述

1. 我国城市轨道交通安全风险管理的需求

世界城市轨道交通的发展已迈过了140多年的历程，不论是地铁、还是轻轨或有轨电车，各个国家都始终将列车行驶的安全性和可靠性作为轨道交通建设的首要宗旨，不断通过技术改革和创新来完善轨道交通运行的安全与稳定。

当前，我国城市轨道交通的建设已进入蓬勃发展时期，启动轨道交通的安全评估机制和加强风险管理意识，已是城市轨道交通主管部门迫在眉睫的战略决策，即轨道交通项目，应经过有资格的独立第三方咨询机构，在建设前进行安全评价和试运营前的验收评价，才能投入运营。但我国在安全评估方面，还有所欠缺，应对既有和发展中的城市轨道交通，已面临着严峻的考验。

自20世纪60年代北京建成第一条地铁系统以来，历经五十多年的发展，截至2017年，全国已有31座城市139条正式运营的城市轨道交通线路，总里程已达4396.7km，还有多座城市的多条线路正在建设，尚有56座城市正在规划和开展建设前期工作，线路总里程也将超过23000km。如此巨大规模的轨道交通设施，已成为城市居民出行的主要交通工具。

怎样保障这项百年大计的城市轨道交通基础设施的可靠性和安全性，已显得越来越重要，由于城市轨道交通项目的装备均具有较高技术水平，以及运用众多新技术的特点，需要尽快完善和制定统一的标准，作为安全管理和产品认证的技术准则。

近年来，由于"以人为本"国家政策的广泛推行，人民的生命财产安全，已普遍得到城市轨道交通建设单位与运营机构的重视。

但是面临众多项目的快速运转，建立系统而有效的安全风险管理机制，也应尽快摆到议事日程上来，方可理智地避免可预见或随机发生的各种风险，风险管理问题是预测未来各种事态发生的可能性，如果掌握了有效的风险管理方法，是可以减少或避免无预见性突发灾害风险的，虽然并不能保证任何一项风险管理结论均为有效，但风险管理原则还是适用于百年大计的城市轨道交通项目。

2. 安全风险管理现状分析及存在的问题

在快速全面发展的轨道交通建设过程中，遇到各种困难处境是必然而持续的，由于安全管理与安全风险评估机制的落实尚有待逐步完善，因而项目建设和运营进程中都面临着相应标准和法规的健全问题，传统与高新技术的交织应用问题，各地城轨管理机制的自主性问题，以及运作方式的多面性等各种问题，都纵横交错在一起，要在一个点上完成制约安全风险，几乎是不太可能。

只有在国家层面上，从各方面同时下手，分头并进，全面规划与集成，制订政策，方能统一解决。

目前，城市轨道交通系统的安全评估，通常是以测试检验为保障手段，安全评估大多数是在项目收尾阶段，请专家进行集中评估，很少在项目初始阶段即开展可靠性、可维护性、可用性和安全（RAMS）相结合地，对复杂的城轨系统工程项目，本着以生命周期为目的的要求，进行全面综合的安全风险评估和产品认证工作。

要建立科学而客观的评价方法和途径，除完善本行业的各项方针政策和法规标准外，还应扶持独立第三方的评估认证机构，以保证公平、公正的原则，进行全面而独立的第三方评估认证，用高品质的成果为用户提供优质而可信的服务。

独立第三方的安全风险评估和产品认证，在国内还处于初始起步阶段，在可靠性和可维护性方面，虽然已有了一定的预测和措施，但基本上是以产品为导向，而对复杂工程项目的总体系统，进行全面的独立第三方评估认证尚未有明确的导向，也还缺乏相应的指导标准和操作指南。

3. 安全风险管理概念

(1) 安全风险的意义

在一般情况下，安全风险应进行评估，有资格承担评估认证的机构，应由项目主管部门承认并许可。因此，政府主管部门，在安全评估中将起着重要作用。

至于技术系统及其子系统的安全评估成果，其安全许可也是由政府主管部门批准。政府主管部门将针对安全评估过程提出明确要求。而与系统安全相关的生产商和运营商也扮演着重要角色，因为系统安全是通过设计、建造和运营来实现的。

生产过程监督的需求，将以什么内容作为安全评价的依据呢？也就是以国际上通用的 RAMS 原则为依据，而 RAMS 的全称即：Reliability，Availability，Maintainability and Safety。

具体含义为：

1) Reliability-可靠性：系统工程及其组成部分，在无故障、无退化或不要求保障措施的情况下，能顺利执行其既有功能的能力。产品在规定的条件下和规定的时间内，能完成规定功能的能力。

可靠性的概率度量，即在既定的时间段，于规定的条件下，一项系统工程或者部件，能够完成需求功能的可能性。

2) Availability-可使用性：产品在某一未知（随机）的时刻，当要求完成其任务时，在任务开始时，处于能工作和可使用状态程度的一种度量。产品在任务开始时的状态，取决于与战备完好性有关的系统可靠性和维修性参数的综合影响，但不包括任务时间。

所考虑的时间，包括工作时间、有效修理时间、管理时间和后勤时间。产品在任一随机时刻，需要和开始执行任务时，于规定的条件下，一项产品处于完成需求功能状态的可用性能力。

3) Maintainability-可维护性：产品在规定的条件下和规定的时间内，按规定的程序和方法，由具有规定等级的人员进行维修时，应保持或恢复到规定状态的能力，即在规定时间段内，完成某项指定维修作业的可能性，维修性的概率度量亦称维修度。

4) Safety-安全性：将伤害（对人）或损坏的风险，限制在可接受能力之内，不导致人员伤亡，不危害人体健康及污染环境，保持系统工程设施或设备不发生破坏或损伤事故的能力。

（2）建立城市轨道交通安全风险管理的作用

安全风险管理的要素 RAMS，是为轨道交通机构提供服务的一项系统性长期运行的特性指标，是通过整个生命周期的工程概念、实现方法和技术运用来实现的。

一项轨道交通系统的目标，是在特定的时间里，安全地实现轨道交通确定的预计功能水平。轨道系统 RAMS 的运作，描述了系统可以保证此目标实现的置信度，对提供给用户的服务质量有着明确的影响力。

RAMS 的内容是相互联系相互作用的，如果安全性和可用性这两者之间有一项没有足够的力度，或者是对安全要求和可用性要求的矛盾处理不当时，对实现一个可靠系统的进程，将产生不利影响。

只有借助满足可靠性和可维护性的要求，以及在长期管理的条件下，控制好运营、维护工作和系统环境，系统功能的安全性和可用性才可以达成。

12.2 安全风险管理

1. 风险管理的类型

（1）建设项目的商业（投资）风险管理；

（2）建设项目的环境风险管理；

（3）建设工程的质量风险管理；

（4）建设工程的安全风险管理；

（5）系统运营安全风险管理。

2. 安全风险评价程序

（1）安全风险的识别与评估；

（2）安全风险的登记与修复措施；

（3）安全风险的修复措施与确认；

（4）安全风险修复措施实施与监控；

（5）安全风险处理更新后的风险状态回顾。

3. 安全风险的分级（包括风险矩阵）

（1）安全风险分级（表 12-1）。

风险分级表　　　　　　　　　表 12-1

风险等级	风险性质	处理准则
R1	不可忍受	必须彻底消除该类风险（个别特殊情况除外）
R2	不理想	当没有合理可行的风险减缓措施时，可暂保持风险现状，但应取得政府主管部门的许可
R3	可忍受	可保持风险现状，但应有适当的控制措施，并应取得政府主管部门的许可
R4	可忽略	可保持风险现状

（2）风险矩阵表（表 12-2）。

风险矩阵简化表　　　　表 12-2

风险频率		严重程度			
		4	3	2	1
		轻微	不严重	严重	灾难
A	经常	R2	R1	R1	R1
B	有可能	R3	R2	R1	R1
C	偶尔	R3	R3	R2	R1
D	甚少	R4	R3	R2	R2
E	不大可能	R4	R4	R3	R3
F	不可能	R4	R4	R4	R4

4. 安全风险管理准则

（1）管理准则的主要范围包括土建工程、车站、枢纽站、停车区、电力牵引供电系统、行车控制系统、列车与土建工程及机电设备的配合、列车影响人员及货物的安全、运营安全等；

（2）车站及枢纽站安全风险管理准则；

（3）停车区及车辆维修基地安全风险管理准则；

（4）电力牵引及供电系统安全风险管理准则；

（5）行车控制系统安全风险管理准则；

（6）列车与土建工程的匹配条件安全风险管理准则；

（7）列车与机电设备的匹配条件安全风险管理准则；

（8）列车影响人员及货物安全的风险管理准则；

（9）系统运营安全风险管理准则。

12.3　安全评估的整合技术

安全评价的结论，应协调并整合以下的工作内容。

（1）安全证明文件的目的，是要说明系统已经达到了一个合适的安全水平，主要是按照更新危害记录表所进行的必要分析已经完成，其他剩余的风险是可容许的，但必须包括以下主要方面，即：系统定义与描述、质量管理报告、安全管理报告、技术安全报告、相关的安全证明文件。

其结论应包括：

评价系统的全貌，对安全要求的综合情况与分类，包含对安全功能级别规定的说明；生命周期内所采用的质量与安全管理程序作业规定；安全评估与安全考核工作之综合情况；安全分析工作之综合情况；用于系统安全技术的全过程；制造过程的验证；符合安全要求的充分性论证；对系统的任何限制与局限性控制的综合说明。

（2）安全目标：以整个系统为目标并将安全目标分解到各个子系统中，以保协调一致的达到风险接受标准。

（3）质量保证体系：基本上执行国家现行标准，参照国际规范 ISO 9001 质量管理体系。

（4）评价方法：按规定的项目生命周期为依据，评估和审核方法，可采取项目开发与制造过程相伴随的方式加以评估。

（5）责任：开发商和承包商应分别负责安全管理与分析工作的执行，落实安全结论的实施；认证机构负责项目安全评估过程的验证与认证；国家政府主管部门负责法规的铺垫与国家安全标准制定，负责项目从兴建到运营的全生命周期监控。

12.4 安全风险识别

安全风险是指可能会导致人员受伤、财物损失、环境破坏、服务受阻或这些事项相组合的一个状况，可通过进行风险及可操作性研究、接口风险分析、系统风险分析、子系统风险分析、操作及支持风险分析、故障模式、效应与严重性分析等方法识别风险。

1. 建设工程的安全风险识别

（1）安全风险的识别与评估；

（2）安全风险的登记与修复措施；

（3）安全风险的修复措施与确认；

（4）安全风险修复措施实施与监控；

（5）安全风险处理更新后的风险状态回顾。

（1）初步设计阶段

1）危害识别

系统安全计划与系统相关联的危害综合识别，安全装置和保护作用的识别，危害后果的识别。

2）危害分析

后果严重性分析，发生频率分析，按照严重性和频率的风险级别的分析。

（2）详细设计阶段

1）子系统安全危害识别和分析

核实子系统设计方法和途径是否满足各项安全设计要求，辨识可能产生危害情况的各项特定的内容，识别系统的各项元素之间的安全接口的考虑，为更上层分析和评审，建议设计变更有关的安全事项，提供文件资料和数据。

2）针对主要危害的风险评估

进行风险评估是为了核实设计是否符合确定的量化安全要求，为设计安全提供证明文件所做的准备工作。

（3）制造、安装、调试阶段

产品和装备交付使用前应开展安全复核、安全测试与确认，如有变更，则对安全管理计划应进行修改。

（4）运营与维护阶段

项目运营和监管的安全维护执行程序应适时复核，经复核和需要更新系统培训文件资料的，如有必要和可能的话，涉及的事项，可依据安全的记录数据，实施正确的安全改善工作。

2. 运营系统的安全风险识别

城市轨道交通运营管理机构，应组织专业人员，有系统地和有效地定期或随机地识别风险，并将已识别的风险进行等级分类，应从系统整体方面进行分析和按个别的细部环节进行分析，以充分识别存在的风险。

运营管理机构应将风险具体化，分析可能发生的危害事件，评估所牵连的范围，以及分析造成任何有害影响的可能性及严重性。

运营管理机构在风险识别的过程中，须有系统地对相关事项进行评估，以便于鉴别出可能的风险，范围如下：

（1）系统内安全有关的潜在故障模式；

（2）系统与系统间安全有关的接口问题；

（3）运营、调试及维护正常及异常模式；

（4）潜在撞击或脱轨事故；

（5）外来威胁，如地震、强风、水淹；

（6）失火、有毒物料或气体、爆炸等；

（7）结构倒塌；

（8）侵入限界，如车辆限界、设备限界、建筑限界等；

（9）人为因素，包括人、机、物、环境的接口矛盾；

（10）运行及非运行有关的意外，如车卡脱钩、乘客在站台滑倒、堕轨等。

当执行风险分析时，可跟据分析人员的经验，及参考运营历史数据，或适当利用其他同行业的实际经验及承包商提供的故障数据，参考国家现行法律法规要求，行使专业判断和评估风险的可受性，风险评估结果应减缓和避免风险的发生，降低风险控制措施的成本效益。

运营管理机构应根据风险的频率和后果严重程度，根据风险等级的分类（表 12-1），将风险发生的频率及严重性合并后，推论出每个可能发生风险的结果。

3. 运营系统的风险登记与修复措施

运营管理机构应建立风险档案登记手册，把已识别之风险，有系统地记录在风险登记手册内，也可利用软件系统作为运营风险的记录文档，对所有已在风险登记手册内登记的风险项目及其修复措施，作进一步深入的数据储存，以便为所有被确认的风险事项，建立永久的记录及追踪风险修复措施的执行情况。

风险登记手册应作为一份永久性的风险管理文件，用作记录及追踪所确认的所有风险事项。

风险登记手册可包含以下风险事项的重要数据：

（1）确认的风险编号；

（2）系统名称（例如土建结构、供电、号志及电联车等）；

（3）工况模式（例如营运、安装、设计、施工、验证、试运营等）；

（4）风险特征的说明；

（5）风险发生所在地点及位置；

（6）风险成因描述；

（7）受风险影响的对象（例如乘客、公众、承包商、雇员及环境等）；

（8）影响或后果；

（9）建议的修复措施及完成日期；

（10）风险等级（根据风险矩阵表 12-2 确定）；

（11）风险处理的结束情况；

（12）风险责任管控员署名。

运营管理机构应根据已确定的风险可受性原则，制订修复措施，并优先考虑用设计方案的方法来处理风险减缓，当没有其他方法或没有符合经济效益的设计方案情况下，采用具有个人防护设备条件的维修人员操作训练方法，方可被考虑，每个风险事件均应有专责的风险管控人员负责减缓有关隐患。

4. 风险更新与风险状态回顾

当风险评价取得结论和登记上册后，还应有风险状态定期回顾的机制，如果回顾审核过程中，发现有任何风险未能受控时，风险管理专责小组应对这风险作出相应的再评估工作。每个被识别的风险，都须要作出定期的审查，确保风险已能受到控制，风险等级高的，定期审查可定为每 6 个月一次，风险等级低的，定期审查可定为每 12 或 24 个月一次，并根据审核结果更新风险记录。

所执行的风险识别及控制程序，包括风险可受性和风险控制措施的有效性，也应作定期审核和检讨。

如果需在已批准的风险登记手册上作任何更改，包括设计、修复措施、运营方案等等，风险管理专责小组应需要再审核、验证和认可其风险，确保有关更改得到足够的安全考虑，有关讨论内容应存盘记录作为凭证。

12.5 产 品 认 证

1. 产品的 RAMS 认证程序

第 1 阶段：厂商或申请人向认证机构提出认证申请；

第 2 阶段：认证机构与申请人协调配合，确定需要的质量体系、明确需要的 RAMS 系统，以及确定产品目标适用的技术标准，核实买方的要求，拟定测试计划；

第 3 阶段：认证机构与申请人协调配合开展以下认证操作业务

（1）现场考察、检查、检验工作，验证涉及的产品线、工厂执照、分包商的质量管理体系；

（2）开展 RAMS 评估，涉及拟定目标、分解、演示和调试等，以及分包商的安全体系；

（3）执行各项技术工作，如设计、制造、组装、测试、和调试等；

第 4 阶段：认证机构向申请人提交质量管理体系报告，安全管理体系报告和与客户要求/规定/标准相符的证明文件，以及提交完整性的检查报告和签发合格证书。

2. 产品的 RAMS 认证要素

（1）认证的对象：系统（包括子系统和零部件）、产品或人员；

（2）认证的目标：满足特定的要求，如符合现行的国家标准和既定的规格要求等；

（3）认证的方法：分析、测试和评价；

（4）认证的执行方：为政府主管部门认可资格和授权的第三方认证机构。

3. 产品的 RAMS 认证分类

（1）认证分类（产品的生命周期阶段）：需求分析、设计、制造、组装、测试、调试和运营/维护。

（2）系统认证：应完成需求分析、设计、制造、组装、测试和调试全部认证内容；

（3）子系统认证：应完成设计、制造、组装、测试和调试全部认证内容；

（4）零部件认证：应完成制造、组装、测试和调试全部认证内容；

（5）工厂检查：应完成制造、组装全部认证内容；

（6）采购/运营/维护及复核：应完成测试、调试和运营/维护全部认证内容；

认证内容应符合以下要求。

质量管理应符合 ISO9001（2000）的规定；

安全管理应符合现行国家标准的规定；

技术证明应满足客户、设计规范、测试程序和测试报告等提出的要求；

相关的安全证明文件，应具备原产厂家证明、其他认证机构的合格证明和安全证明文件。

4. 产品的认证模式

产品认证模式，是依据产品的功能、对人体健康、环境和公共安全等方面可能产生危害程度，以及产品生命周期而确定的。

认证的模式可单独或者数个模式组合，具体包括：

（1）设计鉴定；（2）型式试验；（3）制造现场抽取样品测试或者检查；（4）市场抽样或者检查；（5）企业的质量保证体系审核；（6）获得认证的后续跟踪检查。

5. 工程质量认证管理

（1）土建工程认证工作执行模式

认证具体项目为地下隧道、高架桥梁、车站、路基、道床、轨道结构和维修基地等。执行模式包括：

1）设计阶段：

① 审查设计监造机构设计审查程序之合适性；

② 审查设计监造机构的设计文件之完整性。

2）施工/制造阶段：

① 审查施工监造机构之质量管理计划；

② 审查施工监造机构之监造报告；

③ 重点构筑物或部件之现场审查。

3）测试阶段：

① 测试见证；

② 审查施工监造报告。

4）验收阶段：完成验收程序后，应提供验收报告及证书。

（2）机电产品认证工作执行模式

认证执行模式包括：

1）适用的产品范围；

2）适用的产品对应国家标准和技术规范；

3）认证模式以及相应的产品种类和标准；

4）申请单位要求的法规或者规定；

5）抽样和送样的要求；

6）关键元器件的确认要求；

7）测试标准和测试规则等相关要求；

8）工厂审查的特定要求；

9）跟踪检查的特定要求；

10）适用的产品采用认证标志的具体要求。

（3）以行车安全为核心的认证工作执行模式

1）移动设备的自我安全监测、诊断和控制技术；

2）机车车辆运行质量和货物装载状态的监测技术；

3）机车车辆可靠性试验技术；

4）行车安全综合网络监测系统；

5）路基、桥涵状态快速探测与评估；

6）隧道隐患检测与整治技术。

12.6 城市轨道交通系统的生命周期

1. 生命周期概念

生命周期是指发生在项目期间，从概念阶段开始到系统不再可使用后的退役为止，包括 RAMS 相关系统在内的、必须的各项工作。

生命周期的全过程为：

（1）概念（指地铁或轻轨等）→建立轨道项目的范围和目的，明确轨道项目的概念，开展可行性研究，设立管理机构；

（2）系统定义和应用条件→建立系统任务框架，拟定系统的描述，确定运行和维护的策略，确定运行的环境，确定维护的环境，确定现存的基础设施约束的影响；

（3）风险分析→开展项目相关的风险分析，完成系统危害和安全风险的分析，建立危害纪录表，完成风险评估；

（4）系统需求→开展需求分析，详细说明系统的整体需求和环境条件，明确系统实验和验收准则，建立验证和确认程序，设立必要的管理组织，执行或变更控制程序，明确系统的安全要求（整体），定义安全验收的准则（整体），确定安全相关的功能要求，设立安全管理机构；

（5）系统需求的分解→明确子系统和零部件的要求，明确子系统和零部件的验收准则，分解系统安全目标和要求，明确子系统和零部件的安全要求，明确子系统和零部件的安全验收准则，更新系统安全计划；

（6）设计和实施→完成计划编制、进行设计和分析验证、实施和确认和后续支持的资源配置；

（7）生产制造→完成生产计划编制、产品制造、零部件分装制造和测试、文件编制、建立培训方案；

（8）安装→组装和安装系统，制订安装和实施方案；

（9）系统确认（包括安全验收和调试）→静动态调试、完成运营前的试运行、执行培训方案，制订和实施调试方案、编制交付使用的专项安全证明文件；

（10）系统验收→依据验收准则执行验收程序、汇编验收的证据、投入使用（如适用）继续运营前试运行、评价交付使用的专项安全证明文件；

（11）运营和维护→系统开始长期的运营、执行运营条件下的维护、开展运营条件下培训方案，开展运营条件下的安全维护工作、实施运营条件下的安全性能检测和消除隐患危害的维护；

（12）退役拆除和报废→编制拆除分解和报废计划、编制和执行安全退役方案计划、实施危害分析和风险评估、开展拆除分解和报废工作。

2. 系统定义和应用环境

系统定义即建立系统任务框架，拟定系统的描述，确定运行和维护的策略，确定运行和维护的环境，确定现有基础设施的约束影响。

应用环境应考虑项目安全的涉及内容，建立全面的安全计划，完成初步的灾害风险分析，明确风险标准的容许度。

3. 系统工程寿命评估与分析

（1）开展项目相关的风险分析；

（2）开展系统需求分析，详细说明系统的整体需求，环境说明，明确系统实验和验收准则，建立验证和确认程序，设立质量管理和组织需求；

（3）分解系统需求，明确子系统和零部件的要求，明确子系统和零部件的验收准则；

（4）完成计划编制、设计和发展、设计分析和测试、设计验证、计实施和确认，以及完成设计和后续支持的资源配置；

（5）完成生产制造计划的编制，零部件分装制造和测试，准备编制文件，建立培训方案；

（6）组装系统和安装系统；

（7）确认系统的调试（包括安全验收和调试），完成运营前的试运行，执行培训方案；

（8）依据验收准则，执行系统验收程序，汇编验收的证据，投入使用，继续运营前的试运行；

（9）进行长期的系统运营，执行运营条件下的维护，开展运营条件下的培训方案；

（10）性能监测，收集运营的性能统计资料，调查、分析和评定数据；

（11）实施要求变更的程序，执行修改和更新程序；

（12）拆除分解和报废，编制拆除分解和报废计划，开展拆除分解工作，开展报废工作。

参 考 文 献

1. 何宗华主编. 城市轻轨交通工程设计指南. 北京：中国建筑工业出版社，1993

2. 何宗华、汪松滋 何其光 主编. 城市轨道交通运营组织. 北京：中国建筑工业出版社，2003

3. 何宗华、汪松滋 何其光 主编. 城市轨道交通土建设施运行与维修. 北京：中国建筑工业出版社，2006

4. 何宗华、汪松滋 何其光 主编. 城市轨道交通车辆运行与维修. 北京：中国建筑工业出版社，2009

5. 何宗华、汪松滋 何其光 主编. 城市轨道交通供电系统运行与维修. 北京：中国建筑工业出版社，2005

6. 何宗华、汪松滋 何其光 主编. 城市轨道交通车站机电设备运行与维修. 北京：中国建筑工业出版社，2005

7. 何宗华、汪松滋 何其光 主编. 城市轨道交通通信信号系统运行与维修，2007

8. 施仲衡主编. 地下铁道设计与施工. 西安：陕西科学技术出版社，1998

9. 王有发、杨照、庞瑾. 2017年中国城市轨道交通运营线路统计和分析. 城市轨道交通研究. 第21卷，2018，1

10. 吴祥明. 建立中国高速磁浮交通网络和磁浮工业体系的思考. 综合运输. 总第264期，2003，8